# GRAND MASTER

# Su Doku

## Book 1

*Compiled by Wayne Gould*

## Collins

An Imprint of HarperCollinsPublishers

First published in Great Britain in 2005 by HarperCollins
Publishers Ltd.

HarperCollins books may be purchased for educational,
business, or sales promotional use. For information please
write: Special Markets Department, HarperCollins Publishers,
10 East 53rd Street, New York, NY 10022.

Library of Congress Cataloging-in-Publication Data

ISBN-10: 0-06-089328-1
ISBN-13: 978-0-06-089328-6

06 07 08 09 RRD 10 9 8 7

# Contents

## Puzzles

## Solutions

| | | | 6 | | | | 7 | |
|---|---|---|---|---|---|---|---|---|
| 7 | | | 1 | 4 | 5 | 6 | | |
| 2 | | | B | C | 3 | | 4 | |
| | | 1 | 3 | | | 8 | | D |
| | 6 | A | | 8 | | | 9 | |
| | | 9 | | | 7 | 5 | | |
| | 7 | | 8 | | | | | 6 |
| | | 2 | 7 | 5 | 4 | | | 8 |
| | 5 | | | | 1 | | | |

## Tips from Wayne Gould

### Where to begin? Anywhere you can!

You could just guess where the numbers go. But
if you guessed wrong – and the odds are that you
would – you would get yourself in an awful mess.
You would be blowing away eraser-dust for hours.
It's more fun to use reason and logic to winkle
out the numbers' true positions.

**Here are some logic techniques to get you started.**

Look at the 7s in the leftmost stack of three boxes. There's a 7 in the top box and a 7 in the bottom box, but there's no 7 in the middle box. Bear in mind that the 7 in the top box is also the 7 for all of the first column. And the 7 in the bottom box is also the 7 for all of the second column. So the 7 for the middle box cannot go in columns 1 and 2. It must go in column 3. Within the middle box, column 3 already has two clues entered. In fact, there's only one free cell. That cell (marked A) is the only one that can take the 7.

**That technique is called slicing. Now for slicing-and-dicing.**

Look at the 7s in the band across the top of the grid. The leftmost box has its 7 and so does the rightmost box, but the middle box doesn't have its 7 yet. The 7 in the righthand box accounts for all of the top row. The 7 in the lefthand box does the same for the second row, although in fact the second row of the middle box is all filled up with clues, anyway. Using our slicing technique, we know that the 7 must go in cell B or cell C.

It's time to look in the other direction. Look below the middle box, right down to the middle box at the bottom of the grid. That box has a 7, and it's in column 4. There can be only one of each number in a column, so that means the 7 for the top-middle box cannot go in cell B. It must go in cell C.

The numbers you enter become clues to help you make further progress. For example, look again at the 7 we added to cell A. You can write the 7 in, if you like, to make it more obvious that A is now 7. Using slicing-and-dicing, you should be able to add the 7 to the rightmost box in the middle band. Perhaps D stands for Destination.

If you have never solved a Su Doku puzzle before, those techniques are all you need to get started. However, as you get deeper into the book, especially as you start mixing it with the Difficult puzzles, you will need to develop other skills. The best skills – the ones you will remember, without anyone having to explain them ever again – are the ones you discover for yourself. Perhaps you may even invent a few that no one has ever described before.

## Alpha Doku

When you have finished the Mild number puzzles, it's time to rest up before tackling the Difficult ones. In the Alpha Doku interlude, you can try your hand at the letter puzzles. They may look strange, but they are not so different. Instead of the numbers 1 to 9, we have the letters from A to I – but the rules are otherwise just the same. The Alpha Dokus are Mild, too.

How do you react to letters instead of numbers? If you have been a crossword fan for years, you should feel right at home. And if you are one of those number-phobic people (and there are a lot of us) you should feel very comfortable. Letter puzzles might even provide an entrée to Su Doku that has eluded you in the past. On the other hand, there are people who can speed through a regular Su Doku who are brought to a screeching halt when confronted with letters instead of numbers.

It is intriguing that if you find one style easier than the other, you can always replace numbers with letters or vice versa for any puzzle you attempt.

**Wayne Gould**

# Puzzles

# Easy

| 7 | 5 | 9 | 4 | 8 | 1 | 3 | 6 | 2 |
|---|---|---|---|---|---|---|---|---|
| 8 | 1 | 6 | 2 | 9 | 3 | 5 | 7 | 4 |
| 4 | 3 | 2 | 6 | 7 | 5 | 8 | 9 | 1 |
| 1 | 4 | 7 | 5 | 3 | 6 | 9 | 2 | 8 |
| 5 | 2 | 3 | 9 | 4 | 8 | 7 | 1 | 6 |
| 6 | 9 | 8 | 1 | 2 | 7 | 4 | 3 | 5 |
| 3 | 7 | 5 | 8 | 1 | 2 | 6 | 4 | 9 |
| 9 | 6 | 1 | 3 | 5 | 4 | 2 | 8 | 7 |
| 2 | 8 | 4 | 7 | 6 | 9 | 1 | 5 | 3 |

| 2 |   |   | 8 |   | 4 |   |   | 5 |
|---|---|---|---|---|---|---|---|---|
|   |   | 7 | 2 |   | 3 | 4 |   |   |
|   | 4 | 5 |   |   |   | 6 | 2 |   |
| 3 | 1 |   |   | 4 |   |   | 6 | 9 |
|   |   |   | 9 |   | 2 |   |   |   |
| 9 | 5 |   |   | 3 |   |   | 7 | 2 |
|   | 7 | 9 |   |   |   | 3 | 8 |   |
|   |   | 8 | 5 |   | 1 | 2 |   |   |
| 4 |   |   | 3 |   | 7 |   |   | 6 |

|   |   | 6 |   | 5 |   | 2 |   | 3 |
|---|---|---|---|---|---|---|---|---|
| 8 |   |   |   |   | 1 |   | 5 | 9 |
| 1 |   |   | 6 | 3 |   |   | 4 |   |
|   |   | 8 | 4 |   |   | 7 | 6 | 2 |
|   |   |   | 5 |   | 2 |   |   |   |
| 4 | 7 | 2 |   |   | 8 | 9 |   |   |
|   | 5 |   |   | 8 | 7 |   |   | 1 |
| 9 | 3 |   | 2 |   |   |   |   | 8 |
| 2 |   | 7 |   | 1 |   | 4 |   |   |

| | | 5 | | | 9 | 3 | | |
|---|---|---|---|---|---|---|---|---|
| | 2 | 7 | | 1 | | | | |
| 1 | | | 6 | 2 | | 8 | 4 | |
| 6 | | | | | 2 | 5 | 3 | |
| 5 | | 9 | 3 | | 4 | 7 | | 1 |
| | 3 | 2 | 8 | | | | | 9 |
| | 7 | 4 | | 9 | 6 | | | 5 |
| | | | | 3 | | 1 | 7 | |
| | | 8 | 5 | | | 6 | | |

| | 8 | | 4 | | | 7 | | |
|---|---|---|---|---|---|---|---|---|
| | | 6 | | 3 | 9 | | | 8 |
| 4 | | 9 | | 1 | | 5 | 2 | |
| | 7 | | | 5 | | | | 1 |
| | 5 | 2 | 7 | | 6 | 3 | 8 | |
| 9 | | | | 8 | | | 7 | |
| | 4 | 7 | | 2 | | 8 | | 3 |
| 2 | | | 1 | 4 | | 6 | | |
| | | 5 | | | 3 | | 9 | |

# Mild

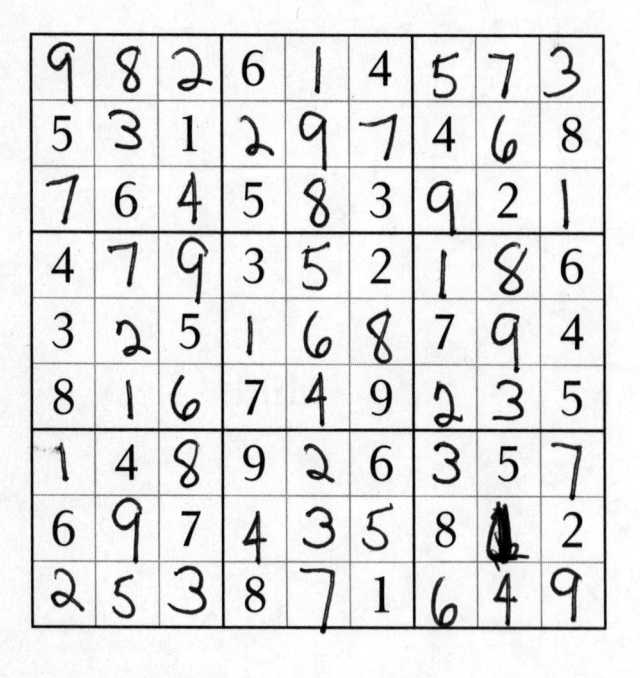

| 2 | 5 | 6 | 8 | 9 | 7 | 4 | 1 | 3 |
|---|---|---|---|---|---|---|---|---|
| 7 | 8 | 3 | 6 | 4 | 1 | 5 | 2 | 9 |
| 1 | 9 | 4 | 5 | 3 | 2 | 8 | 6 | 7 |
| 9 | 6 | 7 | 2 | 8 | 3 | 1 | 5 | 4 |
| 3 | 2 | 8 | 1 | 5 | 4 | 9 | 7 | 6 |
| 4 | 1 | 5 | 9 | 7 | 6 | 3 | 8 | 2 |
| 8 | 3 | 2 | 4 | 6 | 5 | 7 | 9 | 1 |
| 5 | 4 | 1 | 7 | 2 | 9 | 6 | 3 | 8 |
| 6 | 7 | 9 | 3 | 1 | 8 | 2 | 4 | 5 |

Mild

| | | | | | | 7 | 4 | |
|---|---|---|---|---|---|---|---|---|
| | 9 | | 5 | | 6 | | 1 | |
| 8 | 1 | 2 | 7 | | | | | |
| | 5 | | | | 4 | | | 7 |
| 6 | | | | 8 | | | | 3 |
| 1 | | | 3 | | | | 2 | |
| | | | | | 3 | 4 | 7 | 6 |
| | 8 | | 4 | | 1 | | 9 | |
| | 6 | 5 | | | | | | |

| 5 |   | 9 |   |   | 7 |   | 4 |   |
|---|---|---|---|---|---|---|---|---|
|   |   |   | 2 | 9 |   | 3 |   |   |
|   | 7 |   |   |   |   | 1 |   |   |
|   | 2 | 1 | 9 | 4 |   |   | 7 |   |
|   |   |   |   | 3 |   |   |   |   |
|   | 4 |   |   | 7 | 8 | 5 | 1 |   |
|   |   | 7 |   |   |   |   | 8 |   |
|   |   | 6 |   | 2 | 1 |   |   |   |
|   | 5 |   | 7 |   |   | 4 |   | 9 |

Mild

```
+-------+-------+-------+
| 4 . . | . . . | . . 2 |
| . 7 2 | 4 . 8 | 6 1 . |
| . . . | 7 6 2 | . . . |
+-------+-------+-------+
| 3 8 . | . . . | . 6 5 |
| . . 6 | . . . | 9 . . |
| 9 4 . | . . . | . 7 1 |
+-------+-------+-------+
| . . . | 9 3 1 | . . . |
| . 1 8 | 5 . 6 | 3 4 . |
| 2 . . | . . . | . . 6 |
+-------+-------+-------+
```

| | | 3 | | | | 1 | | |
|---|---|---|---|---|---|---|---|---|
| 6 | 9 | | 3 | | 4 | | 8 | 2 |
| | 2 | | | 8 | | | 7 | |
| 4 | | | 9 | | 1 | | | 8 |
| | 3 | | | | | | 9 | |
| 2 | | | 8 | | 3 | | | 1 |
| | 4 | | | 9 | | | 1 | |
| 9 | 8 | | 4 | | 7 | | 3 | 5 |
| | | 5 | | | | 6 | | |

Mild

| | 3 | 1 | | | | 7 | 2 | |
|---|---|---|---|---|---|---|---|---|
| | | 4 | | 6 | | 3 | | |
| | | | 1 | | 9 | | | |
| 2 | | 8 | 5 | | 3 | 4 | | 7 |
| | 1 | | | | | | 3 | |
| 3 | | 7 | 6 | | 4 | 8 | | 2 |
| | | | 7 | | 6 | | | |
| | | 9 | | 2 | | 1 | | |
| | 6 | 5 | | | | 2 | 7 | |

| 5 |   |   |   |   |   |   |   | 4 |
|---|---|---|---|---|---|---|---|---|
|   |   | 3 | 2 | 8 | 6 | 5 |   |   |
| 9 |   | 1 |   |   |   | 3 |   | 2 |
|   | 4 |   | 9 |   | 1 |   | 3 |   |
| 2 |   |   |   |   |   |   |   | 5 |
|   | 3 |   | 8 |   | 5 |   | 2 |   |
| 7 |   | 6 |   |   |   | 4 |   | 8 |
|   |   | 2 | 6 | 1 | 4 | 7 |   |   |
| 3 |   |   |   |   |   |   |   | 9 |

Mild

| 9 |   |   |   | 7 |   |   |   | 6 |
|---|---|---|---|---|---|---|---|---|
| 1 |   |   | 9 |   | 8 |   |   | 5 |
|   |   | 3 |   | 6 |   | 1 |   |   |
|   | 7 |   | 6 | 8 | 1 |   | 2 |   |
|   |   | 5 |   |   |   | 6 |   |   |
|   | 1 |   | 5 | 9 | 2 |   | 3 |   |
|   |   | 7 |   | 5 |   | 9 |   |   |
| 6 |   |   | 2 |   | 9 |   |   | 3 |
| 5 |   |   |   | 4 |   |   |   | 8 |

| | | | | 5 | | | | |
|---|---|---|---|---|---|---|---|---|
| 3 | 2 | | 4 | | 9 | | 6 | 5 |
| | 7 | | | | | | 1 | |
| | 4 | 7 | | 8 | | 6 | 3 | |
| | | | 5 | | 2 | | | |
| | 6 | 9 | | 4 | | 1 | 5 | |
| | 1 | | | | | | 8 | |
| 8 | 3 | | 6 | | 7 | | 4 | 9 |
| | | | | 2 | | | | |

Mild

| | 4 | 1 | | | 8 | | | 2 |
|---|---|---|---|---|---|---|---|---|
| | 2 | | 4 | 1 | | | | |
| | 3 | | | | | | | 5 |
| | | | 5 | | 1 | 7 | | 9 |
| | | 5 | | | | 6 | | |
| 4 | | 9 | 2 | | 7 | | | |
| 3 | | | | | | | 1 | |
| | | | | 8 | 2 | | 3 | |
| 6 | | | 7 | | | 4 | 9 | |

| | 7 | | | 6 | | | 4 | |
|---|---|---|---|---|---|---|---|---|
| | | | 1 | | 9 | | | |
| | 2 | 5 | | | | 7 | 6 | |
| 5 | | 1 | 6 | | 7 | 3 | | 4 |
| | | | 5 | | 2 | | | |
| 2 | | 9 | 8 | | 4 | 6 | | 5 |
| | 9 | 7 | | | | 2 | 8 | |
| | | | 9 | | 1 | | | |
| | 1 | | | 8 | | | 9 | |

Mild

| 4 |   |   |   |   |   |   |   | 7 |
|---|---|---|---|---|---|---|---|---|
|   | 6 |   | 8 | 4 | 9 |   | 2 |   |
| 9 |   |   |   | 2 |   |   |   | 3 |
|   | 7 |   | 5 | 9 | 2 |   | 3 |   |
|   |   | 9 |   |   |   | 2 |   |   |
|   | 4 |   | 6 | 8 | 3 |   | 5 |   |
| 7 |   |   |   | 1 |   |   |   | 8 |
|   | 8 |   | 7 | 3 | 4 |   | 1 |   |
| 2 |   |   |   |   |   |   |   | 4 |

| 6 |   | 9 |   |   |   | 4 |   | 2 |
|---|---|---|---|---|---|---|---|---|
|   | 2 |   | 7 |   | 9 |   | 1 |   |
|   |   | 8 |   |   |   | 5 |   |   |
| 9 |   |   | 3 |   | 4 |   |   | 5 |
|   |   |   |   | 1 |   |   |   |   |
| 3 |   |   | 6 |   | 7 |   |   | 4 |
|   |   | 7 |   |   |   | 6 |   |   |
|   | 3 |   | 5 |   | 1 |   | 4 |   |
| 4 |   | 1 |   |   |   | 3 |   | 9 |

Mild

|   |   |   |   | 2 | 9 |   |   |   |
|---|---|---|---|---|---|---|---|---|
| 6 |   |   |   |   |   |   |   | 5 |
|   | 1 | 9 | 6 |   |   | 3 |   |   |
|   | 7 | 8 | 5 |   |   |   | 4 | 9 |
|   |   | 1 |   |   |   | 5 |   |   |
| 4 | 5 |   |   |   | 7 | 2 | 8 |   |
|   |   | 2 |   |   | 1 | 6 | 9 |   |
| 3 |   |   |   |   |   |   |   | 2 |
|   |   |   | 7 | 3 |   |   |   |   |

|   |   | 5 |   |   |   | 8 |   |   |
|---|---|---|---|---|---|---|---|---|
| 1 | 4 |   | 2 |   | 8 |   | 6 | 3 |
|   | 2 |   |   | 7 |   |   | 5 |   |
|   | 8 |   | 5 |   | 1 |   | 7 |   |
|   |   | 3 |   |   |   | 1 |   |   |
|   | 5 |   | 6 |   | 3 |   | 4 |   |
|   | 6 |   |   | 2 |   |   | 1 |   |
| 5 | 1 |   | 8 |   | 7 |   | 9 | 4 |
|   |   | 8 |   |   |   | 5 |   |   |

Mild

| 3 | 7 |   |   |   |   |   | 2 | 8 |
|---|---|---|---|---|---|---|---|---|
|   |   |   | 1 |   | 8 |   |   |   |
|   | 8 | 2 |   |   |   | 4 | 5 |   |
|   | 6 |   |   | 3 |   |   | 8 |   |
|   |   | 3 | 2 | 6 | 1 | 7 |   |   |
|   | 4 |   |   | 8 |   |   | 9 |   |
|   | 3 | 4 |   |   |   | 5 | 7 |   |
|   |   |   | 9 |   | 5 |   |   |   |
| 7 | 1 |   |   |   |   |   | 6 | 9 |

| 2 |   |   | 9 |   | 1 |   |   | 5 |
|---|---|---|---|---|---|---|---|---|
|   |   | 9 | 2 |   | 8 | 6 |   |   |
|   | 8 |   |   |   |   |   | 4 |   |
| 8 |   | 2 |   |   |   | 4 |   | 7 |
| 3 | 7 |   |   |   |   |   | 9 | 8 |
| 9 |   | 6 |   |   |   | 5 |   | 3 |
|   | 2 |   |   |   |   |   | 1 |   |
|   |   | 5 | 6 |   | 2 | 8 |   |   |
| 7 |   |   | 1 |   | 4 |   |   | 2 |

Mild

| | | | | | | | | 2 |
|---|---|---|---|---|---|---|---|---|
| 6 | 1 | | | 8 | | 4 | | 7 |
| | | 3 | | | 4 | | 6 | 5 |
| 3 | | 5 | | 6 | | | | |
| | | 9 | 2 | | 5 | 3 | | |
| | | | | 4 | | 2 | | 8 |
| 1 | 5 | | 9 | | | 7 | | |
| 9 | | 6 | | 7 | | | 8 | 3 |
| 2 | | | | | | | | |

| 3 |   |   | 4 |   |   |   |   | 2 |
|---|---|---|---|---|---|---|---|---|
|   | 5 | 1 |   |   | 7 |   | 9 |   |
|   |   | 9 |   |   |   | 8 | 3 |   |
|   | 9 |   | 7 |   | 8 |   |   | 5 |
|   |   |   |   |   |   |   |   |   |
| 8 |   |   | 2 |   | 4 |   | 6 |   |
|   | 4 | 2 |   |   |   | 1 |   |   |
|   | 7 |   | 1 |   |   | 3 | 2 |   |
| 5 |   |   |   |   | 6 |   |   | 9 |

|   |   | 7 | 3 | 5 |   |   |   | 6 |
|---|---|---|---|---|---|---|---|---|
| 8 | 3 |   | 9 |   |   | 4 |   |   |
|   |   |   |   |   |   |   | 8 |   |
| 3 |   |   | 6 |   |   | 1 |   |   |
|   |   | 5 | 8 |   | 1 | 2 |   |   |
|   |   | 2 |   |   | 3 |   |   | 9 |
|   | 1 |   |   |   |   |   |   |   |
|   |   | 6 |   |   | 7 |   | 4 | 5 |
| 5 |   |   |   | 6 | 4 | 3 |   |   |

| | 3 | | | | 1 | 6 | 7 | |
|---|---|---|---|---|---|---|---|---|
| | 7 | 9 | | | | | | |
| 2 | 1 | 8 | | | | | | 4 |
| | 4 | | | | 9 | 3 | | |
| 9 | | | | 1 | | | | 2 |
| | | 1 | 2 | | | | 5 | |
| 8 | | | | | | 7 | 4 | 5 |
| | | | | | | 8 | 6 | |
| | 9 | 5 | 8 | | | | 3 | |

Mild

| 6 |   |   |   | 2 |   |   |   | 4 |
|---|---|---|---|---|---|---|---|---|
|   |   |   | 9 |   | 3 |   |   |   |
| 3 | 9 |   | 5 |   | 6 |   | 2 | 8 |
| 9 | 6 |   |   |   |   |   | 8 | 3 |
|   |   |   | 1 |   | 2 |   |   |   |
| 2 | 4 |   |   |   |   |   | 1 | 6 |
| 1 | 2 |   | 8 |   | 7 |   | 3 | 9 |
|   |   |   | 6 |   | 1 |   |   |   |
| 7 |   |   |   | 3 |   |   |   | 5 |

| | 2 | 6 | | 8 | | | | |
|---|---|---|---|---|---|---|---|---|
| | | | | | 4 | | | |
| 7 | 4 | | | 3 | 6 | | 8 | 2 |
| 3 | | 8 | | | | | | |
| | | 1 | 7 | | 3 | 4 | | |
| | | | | | | 2 | | 5 |
| 1 | 3 | | 6 | 2 | | | 5 | 9 |
| | | | 3 | | | | | |
| | | | | 4 | | 8 | 6 | |

Mild

| 5 |   | 6 |   | 4 |   | 7 |   | 9 |
|---|---|---|---|---|---|---|---|---|
|   |   |   | 6 |   | 3 |   |   |   |
| 9 |   |   |   |   |   |   |   | 4 |
| 1 |   | 2 | 3 |   | 7 | 9 |   | 6 |
|   |   | 8 |   |   |   | 4 |   |   |
| 3 |   | 5 | 8 |   | 4 | 2 |   | 1 |
| 6 |   |   |   |   |   |   |   | 7 |
|   |   |   | 9 |   | 6 |   |   |   |
| 4 |   | 9 |   | 2 |   | 5 |   | 8 |

| 1 |   | 9 |   |   | 4 | 6 |   | 8 |
|---|---|---|---|---|---|---|---|---|
|   |   |   |   |   | 8 |   | 1 |   |
| 6 |   |   |   | 2 |   | 5 |   | 3 |
| 8 |   | 2 |   |   | 3 |   |   |   |
|   |   | 5 |   |   |   | 3 |   |   |
|   |   |   | 8 |   |   | 1 |   | 9 |
| 5 |   | 8 |   | 9 |   |   |   | 4 |
|   | 9 |   | 6 |   |   |   |   |   |
| 3 |   | 1 | 4 |   |   | 7 |   | 5 |

Mild

| | 3 | | | | | | 1 | |
|---|---|---|---|---|---|---|---|---|
| 5 | | 7 | 2 | | 1 | 8 | | 9 |
| | | 9 | | | | 4 | | |
| | | 5 | 9 | | 8 | 3 | | |
| 4 | | | | | | | | 7 |
| | | 3 | 1 | | 5 | 2 | | |
| | | 8 | | | | 6 | | |
| 1 | | 2 | 3 | | 7 | 5 | | 4 |
| | 9 | | | | | | 8 | |

| | | | | | | | 4 | 3 |
|---|---|---|---|---|---|---|---|---|
| | 9 | 2 | | | 4 | | | |
| | 4 | | | 6 | | 8 | 2 | 7 |
| 1 | | | | | 2 | | 5 | |
| | 5 | | 3 | | 9 | | 7 | |
| | 7 | | 8 | | | | | 2 |
| 3 | 2 | 7 | | 9 | | | 8 | |
| | | | 4 | | | 7 | 6 | |
| 4 | 1 | | | | | | | |

| 5 |   |   | 8 |   | 4 |   |   | 2 |
|---|---|---|---|---|---|---|---|---|
|   | 6 |   |   |   |   |   | 3 |   |
|   |   | 3 | 9 |   | 6 | 7 |   |   |
| 8 |   |   | 7 |   | 2 |   |   | 1 |
|   |   |   |   |   |   |   |   |   |
| 3 |   |   | 4 |   | 5 |   |   | 6 |
|   |   | 2 | 3 |   | 7 | 9 |   |   |
|   | 5 |   |   |   |   |   | 1 |   |
| 1 |   |   | 6 |   | 9 |   |   | 8 |

| 9 |   | 2 | 8 |   | 7 | 6 |   | 1 |
|---|---|---|---|---|---|---|---|---|
|   | 5 |   | 2 |   | 3 |   | 4 |   |
| 8 |   |   |   | 1 |   |   |   | 7 |
|   | 6 |   |   |   |   |   | 5 |   |
|   |   |   | 6 |   | 4 |   |   |   |
|   | 9 |   |   |   |   |   | 1 |   |
| 6 |   |   |   | 8 |   |   |   | 4 |
|   | 7 |   | 3 |   | 6 |   | 8 |   |
| 3 |   | 8 | 7 |   | 5 | 9 |   | 2 |

Mild

# Alpha Doku Interlude
## Mild

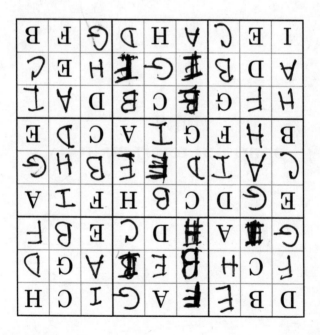

|   |   |   |   |   |   |   |   |   |
|---|---|---|---|---|---|---|---|---|
|   |   | C |   |   |   |   |   | B |
|   |   | B |   | G | F | C |   |   |
|   |   |   |   | B |   | G |   |   |
| D |   |   | G | E |   |   |   |   |
| H |   |   | D |   | A |   |   | F |
|   |   |   |   |   | I | B |   | D |
|   |   |   | H |   | F |   |   |   |
|   |   | F | I |   | C | D | H |   |
| C |   |   |   |   |   |   | A |   |

| A |   |   |   |   |   |   |   | I |
|---|---|---|---|---|---|---|---|---|
|   |   | F | A |   | B | H |   |   |
|   | D |   | I |   | E |   | G |   |
|   | E | B |   |   |   | F | H |   |
|   |   |   | F |   | C |   |   |   |
|   | A | D |   |   |   | I | C |   |
|   | G |   | B |   | A |   | F |   |
|   |   | C | G |   | D | B |   |   |
| I |   |   |   |   |   |   |   | D |

|   |   | F | H |   |   | I |   |   |
|---|---|---|---|---|---|---|---|---|
|   |   |   | A |   |   | F | C |   |
| B |   |   |   |   |   | G |   | E |
|   |   |   | G | I |   |   |   | F |
| G |   |   |   | B |   |   |   | C |
| H |   |   |   | F | A |   |   |   |
| E |   | I |   |   |   |   |   | G |
|   | A | D |   |   | G |   |   |   |
|   |   | B |   |   | C | D |   |   |

| F |   | A |   | D |   | B |   | I |
|---|---|---|---|---|---|---|---|---|
|   | I | G | A |   | F | E | D |   |
|   |   |   |   |   |   |   |   |   |
|   | H |   | B |   | I |   | F |   |
|   | C |   |   |   |   |   | E |   |
|   | A |   | E |   | C |   | G |   |
|   |   |   |   |   |   |   |   |   |
|   | G | D | H |   | B | C | I |   |
| C |   | I |   | E |   | G |   | A |

Difficult

| 8 | 1 | 7 | 5 | 2 | 4 | 3 | 6 | 9 |
| 5 | 4 | 2 | 3 | 9 | 6 | 8 | 7 | 1 |
| 9 | 3 | 6 | 8 | 7 | 1 | 5 | 2 | 4 |
| 3 | 6 | 1 | 9 | 4 | 2 | 7 | 5 | 8 |
| 2 | 5 | 4 | 7 | 3 | 8 | 9 | 1 | 6 |
| 7 | 8 | 9 | 1 | 6 | 5 | 4 | 3 | 2 |
| 4 | 2 | 3 | 6 | 8 | 7 | 1 | 9 | 5 |
| 1 | 7 | 8 | 2 | 5 | 9 | 6 | 4 | 3 |
| 6 | 9 | 5 | 4 | 1 | 3 | 2 | 8 | 7 |

|   |   |   | 7 |   | 4 |   |   |   |
|---|---|---|---|---|---|---|---|---|
|   |   | 3 |   |   |   | 2 |   |   |
|   | 6 | 8 |   |   |   | 4 | 7 |   |
| 1 | 2 |   | 8 |   | 3 |   | 4 | 7 |
|   |   |   |   |   |   |   |   |   |
| 9 | 8 |   | 5 |   | 1 |   | 6 | 2 |
|   | 5 | 4 |   |   |   | 6 | 3 |   |
|   |   | 2 |   |   |   | 1 |   |   |
|   |   |   | 9 |   | 8 |   |   |   |

Difficult

| | 1 | | 9 | 4 | | | | 6 |
|---|---|---|---|---|---|---|---|---|
| | 6 | 9 | | | 3 | | | |
| | | | | | 8 | 9 | | |
| | | | | 6 | | | | 5 |
| 8 | | 7 | | | | 2 | | 1 |
| 5 | | | | 8 | | | | |
| | | 2 | 8 | | | | | |
| | | | 7 | | | 4 | 3 | |
| 7 | | | | 1 | 4 | | 2 | |

| 7 |   |   | 6 |   | 8 |   |   | 5 |
|---|---|---|---|---|---|---|---|---|
|   |   | 4 |   |   |   | 7 |   |   |
|   | 6 | 9 |   |   |   | 8 | 3 |   |
|   |   |   | 4 | 5 | 6 |   |   |   |
|   | 5 |   |   |   |   |   | 6 |   |
|   |   |   | 8 | 2 | 3 |   |   |   |
|   | 7 | 3 |   |   |   | 6 | 1 |   |
|   |   | 8 |   |   |   | 9 |   |   |
| 2 |   |   | 9 |   | 7 |   |   | 3 |

Difficult

| | 4 | | | 6 | | | 3 | |
|---|---|---|---|---|---|---|---|---|
| 6 | 5 | | | | | | 9 | 8 |
| | | 3 | | | | 5 | | |
| | | 9 | | 5 | | 6 | | |
| | 6 | | 8 | | 3 | | 5 | |
| | | 2 | | 7 | | 1 | | |
| | | 4 | | | | 2 | | |
| 1 | 2 | | | | | | 4 | 6 |
| | 8 | | | 4 | | | 1 | |

| | | | | 7 | | | 1 | 3 |
|---|---|---|---|---|---|---|---|---|
| | | 9 | | 3 | 1 | | 6 | |
| | 7 | | 8 | | | | | |
| | | | | | 3 | | 7 | 2 |
| | | | | 4 | | | | |
| 6 | 2 | | 7 | | | | | |
| | | | | | 8 | | 3 | |
| | 8 | | 5 | 1 | | 9 | | |
| 1 | 4 | | | 6 | | | | |

| | 1 | 9 | | | 5 | | | 2 |
|---|---|---|---|---|---|---|---|---|
| | | | | | 3 | | | 8 |
| | | | | | | 4 | 9 | |
| | | 2 | | 7 | 1 | | | 4 |
| | | | 2 | | 9 | | | |
| 6 | | | 8 | 5 | | 3 | | |
| | 9 | 3 | | | | | | |
| 2 | | | 3 | | | | | |
| 5 | | | 9 | | | 6 | 4 | |

| | | 5 | 6 | | | | | 2 |
|---|---|---|---|---|---|---|---|---|
| | 3 | | | | | 6 | | |
| | | | 2 | 4 | | 9 | | |
| | 6 | | 9 | | | | 2 | 8 |
| 1 | | | | | | | | 6 |
| 2 | 5 | | | | 4 | | 7 | |
| | | 9 | | 7 | 1 | | | |
| | | 1 | | | | | 9 | |
| 4 | | | | | 5 | 7 | | |

Difficult

| 1 |   |   |   |   |   |   | 3 | 5 |
|---|---|---|---|---|---|---|---|---|
|   |   |   | 7 |   | 5 |   | 1 |   |
|   |   |   |   | 9 | 7 |   |   |   |
|   |   |   |   | 2 |   | 1 | 7 |   |
|   |   | 6 |   |   |   | 8 |   |   |
|   | 2 | 5 |   | 6 |   |   |   |   |
|   |   | 3 | 1 |   |   |   |   |   |
|   | 5 |   | 6 |   | 3 |   |   |   |
| 6 | 8 |   |   |   |   |   |   | 1 |

| | 1 | | | | | | 8 | |
|---|---|---|---|---|---|---|---|---|
| | | | 7 | | 2 | | | |
| 5 | | | | 9 | | | | 4 |
| 3 | | 7 | | | | 1 | | 2 |
| | | 8 | 3 | | 6 | 4 | | |
| 6 | | 5 | | | | 8 | | 9 |
| 7 | | | | 3 | | | | 6 |
| | | | 1 | | 8 | | | |
| | 3 | | | | | | 4 | |

Difficult

| 9 |   |   |   | 3 |   |   |   |   |
|---|---|---|---|---|---|---|---|---|
|   | 7 |   |   |   | 8 | 9 |   |   |
|   |   | 2 |   | 5 |   |   |   | 1 |
|   |   |   |   | 7 | 5 |   | 4 | 2 |
|   | 3 |   |   |   |   |   | 1 |   |
| 7 | 4 |   | 3 | 1 |   |   |   |   |
| 3 |   |   |   | 4 |   | 2 |   |   |
|   |   | 6 | 1 |   |   |   | 7 |   |
|   |   |   |   | 8 |   |   |   | 4 |

| | | | | | | 8 | 7 | |
|---|---|---|---|---|---|---|---|---|
| | | 8 | 2 | | | | | 1 |
| 9 | | | 8 | 7 | | | | |
| | 4 | | | 6 | | 5 | 3 | |
| | | | | | | | | |
| | 7 | 6 | | 3 | | | 8 | |
| | | | | 8 | 4 | | | 2 |
| 5 | | | | | 2 | 9 | | |
| | 1 | 3 | | | | | | |

| 1 |   |   | 9 |   |   |   | 3 | 5 |
|   | 7 |   |   |   | 3 |   | 2 |   |
|   |   | 6 |   | 1 |   |   |   |   |
| 3 |   |   |   | 6 |   |   |   |   |
| 2 | 5 |   |   |   |   |   | 8 | 3 |
|   |   |   |   | 5 |   |   |   | 9 |
|   |   |   |   | 3 |   | 8 |   |   |
|   | 9 |   | 6 |   |   |   | 4 |   |
| 5 | 8 |   |   |   | 7 |   |   | 1 |

| | | 6 | | | | | | |
|---|---|---|---|---|---|---|---|---|
| | 7 | 9 | 8 | | | 6 | 2 | |
| | | 1 | | | 3 | | | 5 |
| 6 | | 4 | | 1 | | 2 | | |
| | | | | | | | | |
| | | 5 | | 7 | | 8 | | 1 |
| 3 | | | 7 | | | 4 | | |
| | 5 | 6 | | | 8 | | 1 | 7 |
| | | | | | | | 6 | |

| | | | 2 | | | | 9 | |
|---|---|---|---|---|---|---|---|---|
| | 1 | 6 | | | 8 | 4 | | |
| 7 | | | | | 3 | 6 | | |
| 6 | 4 | | | 7 | | 8 | | |
| | | | | | | | | |
| | | 7 | | 6 | | | 3 | 5 |
| | | 8 | 4 | | | | | 9 |
| | | 4 | 1 | | | 2 | 5 | |
| | 7 | | | | 2 | | | |

| 1 |   |   | 2 |   | 3 |   |   | 9 |
|---|---|---|---|---|---|---|---|---|
|   |   | 6 |   |   |   | 2 |   |   |
|   |   | 3 | 7 |   | 8 | 4 |   |   |
| 6 |   |   |   |   |   |   |   | 3 |
|   | 3 | 9 |   |   |   | 1 | 7 |   |
| 4 |   |   |   |   |   |   |   | 5 |
|   |   | 4 | 8 |   | 2 | 7 |   |   |
|   |   | 1 |   |   |   | 9 |   |   |
| 2 |   |   | 4 |   | 9 |   |   | 8 |

| | | 9 | | 3 | | 1 | | |
|---|---|---|---|---|---|---|---|---|
| 7 | 5 | | | | | | 4 | 9 |
| | 1 | | | | | | 7 | |
| 8 | | | 2 | 6 | 1 | | | 7 |
| | | | | | | | | |
| 4 | | | 5 | 9 | 7 | | | 3 |
| | 8 | | | | | | 5 | |
| 2 | 6 | | | | | | 1 | 8 |
| | | 7 | | 8 | | 6 | | |

| 2 | 9 |   |   |   |   |   | 1 | 7 |
|---|---|---|---|---|---|---|---|---|
|   |   |   | 7 |   | 3 |   |   |   |
|   | 7 |   |   |   |   |   | 6 |   |
| 6 |   |   |   | 5 |   |   |   | 3 |
| 9 | 3 |   |   | 8 |   |   | 4 | 6 |
| 4 |   |   |   | 6 |   |   |   | 2 |
|   | 5 |   |   |   |   |   | 8 |   |
|   |   |   | 6 |   | 5 |   |   |   |
| 3 | 4 |   |   |   |   |   | 2 | 1 |

| | 3 | | | 5 | | | 4 | |
|---|---|---|---|---|---|---|---|---|
| 2 | | 9 | | | | 3 | | 8 |
| | | 7 | | | | 6 | | |
| | | | 1 | | 4 | | | |
| | 8 | | | | | | 1 | |
| | | | 8 | | 7 | | | |
| | | 6 | | | | 4 | | |
| 5 | | 8 | | | | 1 | | 7 |
| | 4 | | | 3 | | | 8 | |

| | | 4 | | 9 | | | 5 | |
|---|---|---|---|---|---|---|---|---|
| | | 9 | | 3 | | | | |
| 5 | | | 8 | | | | | 6 |
| 1 | | | | 2 | 5 | 6 | | |
| | | 2 | | | | 7 | | |
| | | 5 | 3 | 4 | | | | 9 |
| 8 | | | | | 2 | | | 4 |
| | | | | 7 | | 5 | | |
| | 5 | | | 6 | | 3 | | |

| | 2 | 4 | | | | | | |
|---|---|---|---|---|---|---|---|---|
| 6 | 9 | | | 8 | | | | 4 |
| | | | | 9 | | 8 | | |
| | | 1 | 5 | | | | | 9 |
| | | | 1 | | 9 | | | |
| 2 | | | | | 7 | 5 | | |
| | | 5 | | 2 | | | | |
| 1 | | | | 7 | | | 3 | 6 |
| | | | | | | 7 | 9 | |

| | | | | | 2 | 6 | | |
|---|---|---|---|---|---|---|---|---|
| | 3 | | | | 4 | | | |
| | 9 | | | | 8 | | | 5 |
| | 5 | | | 4 | | | 2 | 9 |
| | 7 | | 9 | | 3 | | 6 | |
| 9 | 8 | | | 5 | | | 7 | |
| 7 | | | 4 | | | | 1 | |
| | | | 6 | | | | 8 | |
| | | 1 | 3 | | | | | |

Difficult

| | 2 | 3 | | | | 6 | 7 | |
|---|---|---|---|---|---|---|---|---|
| 7 | | | | | | | | 5 |
| | | | 7 | 8 | 4 | | | |
| | | 5 | 6 | | 2 | 9 | | |
| | 6 | | | | | | 2 | |
| | | 8 | 3 | | 7 | 1 | | |
| | | | 4 | 2 | 1 | | | |
| 5 | | | | | | | | 1 |
| | 3 | 1 | | | | 2 | 8 | |

| | 6 | | | | | | | |
|---|---|---|---|---|---|---|---|---|
| | | 3 | | 9 | 4 | | | |
| 1 | | | | | 2 | 5 | | |
| | | 7 | | | | | 8 | |
| 4 | | 5 | | 3 | | 1 | | 2 |
| | 3 | | | | | 6 | | |
| | | 2 | 8 | | | | | 1 |
| | | | 6 | 4 | | 9 | | |
| | | | | | | | 7 | |

Difficult

| 9 |   |   |   |   | 8 |   | 4 |   |
|---|---|---|---|---|---|---|---|---|
|   |   |   |   |   | 1 |   | 8 |   |
| 8 |   |   |   |   | 5 |   |   | 1 |
|   | 5 |   | 9 | 4 |   | 1 | 3 |   |
|   |   |   |   |   |   |   |   |   |
|   | 2 | 1 |   |   | 3 | 7 |   | 5 |
| 7 |   |   |   | 6 |   |   |   | 2 |
|   | 3 |   |   | 8 |   |   |   |   |
|   | 5 |   | 3 |   |   |   |   | 8 |

| | | | | | | | 2 | 5 |
|---|---|---|---|---|---|---|---|---|
| | | 8 | | | 9 | | | |
| | | | 5 | | 3 | | 1 | |
| 6 | | | | 5 | | | 7 | 8 |
| | 8 | | | | | | 6 | |
| 5 | 2 | | | 4 | | | | 9 |
| | 3 | | 7 | | 4 | | | |
| | | | 1 | | | 4 | | |
| 7 | 9 | | | | | | | |

Difficult

| 4 |   |   | 2 |   |   |   | 7 | 5 |
|---|---|---|---|---|---|---|---|---|
| 3 |   | 1 | 9 |   |   |   |   |   |
|   |   |   | 8 |   |   |   | 2 |   |
|   |   |   |   |   |   | 8 | 1 | 7 |
|   |   |   |   |   |   |   |   |   |
| 2 | 4 | 7 |   |   |   |   |   |   |
|   | 6 |   |   |   | 5 |   |   |   |
|   |   |   |   |   | 1 | 7 |   | 8 |
| 8 | 1 |   |   |   | 3 |   |   | 9 |

|   |   |   | 8 | 9 | 5 |   |   |   |
|---|---|---|---|---|---|---|---|---|
|   |   | 9 |   |   |   | 2 |   |   |
| 4 |   |   |   | 2 |   |   |   | 7 |
|   | 9 | 8 |   |   |   | 3 | 4 |   |
|   |   |   | 4 |   | 1 |   |   |   |
|   | 3 | 4 |   |   |   | 1 | 2 |   |
| 6 |   |   |   | 4 |   |   |   | 2 |
|   |   | 1 |   |   |   | 4 |   |   |
|   |   |   | 6 | 8 | 7 |   |   |   |

|   |   |   | 2 |   |   | 7 | 9 |   |
|---|---|---|---|---|---|---|---|---|
| 7 |   |   |   | 1 |   |   |   |   |
| 3 | 1 |   | 6 |   |   |   |   |   |
| 4 |   | 9 |   | 3 |   |   |   |   |
|   |   |   | 4 |   | 1 |   |   |   |
|   |   |   |   | 7 |   | 8 |   | 6 |
|   |   |   |   |   | 6 |   | 2 | 5 |
|   |   |   |   | 4 |   |   |   | 9 |
|   | 5 | 7 |   |   | 9 |   |   |   |

| 2 |   |   |   |   | 5 |   |   | 4 |
|---|---|---|---|---|---|---|---|---|
| 9 | 3 |   | 2 |   | 7 | 8 |   |   |
|   |   |   |   | 8 |   | 2 |   |   |
|   |   |   |   |   | 2 | 4 | 3 |   |
|   |   |   |   |   |   |   |   |   |
|   | 4 | 5 | 6 |   |   |   |   |   |
|   |   | 8 |   | 2 |   |   |   |   |
|   |   | 6 | 1 |   | 9 |   | 8 | 5 |
| 7 |   |   | 4 |   |   |   |   | 9 |

| | 6 | | | | 5 | 2 | | |
|---|---|---|---|---|---|---|---|---|
| | | 1 | | | 7 | | | |
| | | | 6 | | | 8 | 4 | |
| 3 | | | | 6 | 9 | 5 | | |
| | 9 | | | | | | 3 | |
| | | 8 | 5 | 4 | | | | 2 |
| | 7 | 5 | | | 6 | | | |
| | | | 9 | | | 7 | | |
| | | 6 | 8 | | | | 1 | |

| 9 | 5 | 8 |   |   |   |   |   |   |
|---|---|---|---|---|---|---|---|---|
|   |   |   |   |   |   |   |   | 2 |
| 6 | 3 |   | 9 | 1 |   |   |   |   |
|   |   |   |   | 2 | 5 | 6 |   | 8 |
|   |   | 1 |   |   |   | 7 |   |   |
| 8 |   | 4 | 1 | 6 |   |   |   |   |
|   |   |   |   | 5 | 2 |   | 8 | 7 |
| 7 |   |   |   |   |   |   |   |   |
|   |   |   |   |   |   | 4 | 9 | 6 |

| 8 |   | 4 |   | 5 |   | 6 |   | 7 |
|   |   |   |   |   |   |   |   |   |
|   |   | 9 | 2 |   | 3 | 4 |   |   |
|   | 6 |   |   |   |   |   | 1 |   |
| 1 |   |   | 8 |   | 6 |   |   | 3 |
|   | 4 |   |   |   |   |   | 9 |   |
|   |   | 7 | 9 |   | 8 | 3 |   |   |
|   |   |   |   |   |   |   |   |   |
| 6 |   | 2 |   | 7 |   | 1 |   | 8 |

Difficult

| | | | 5 | 7 | 4 | | | |
|---|---|---|---|---|---|---|---|---|
| 1 | | | | 6 | | | | 2 |
| 5 | 7 | | | | | | 8 | 4 |
| | 9 | | | 8 | | | 4 | |
| | | 1 | | | | 3 | | |
| | 2 | | | 4 | | | 9 | |
| 3 | 8 | | | | | | 1 | 7 |
| 2 | | | | 3 | | | | 6 |
| | | | 7 | 5 | 8 | | | |

| | | | | 4 | 1 | 9 | | |
|---|---|---|---|---|---|---|---|---|
| | 1 | | | | | | | 6 |
| 4 | | 9 | 7 | 3 | | | 1 | |
| | | | | | 6 | 2 | | 3 |
| | | | | | | | | |
| 3 | | 4 | 9 | | | | | |
| | 8 | | | 9 | 7 | 6 | | 2 |
| 7 | | | | | | | 5 | |
| | | 5 | 3 | 6 | | | | |

|   |   |   |   |   |   |   |   |   |
|---|---|---|---|---|---|---|---|---|
|   |   |   |   |   |   |   |   |   |
|   | 4 | 7 |   |   |   | 1 | 5 |   |
|   | 9 | 5 | 1 |   | 7 | 2 | 8 |   |
|   |   |   | 4 |   | 5 |   |   |   |
| 7 | 5 |   |   |   |   |   | 4 | 3 |
|   |   |   | 8 |   | 1 |   |   |   |
|   | 3 | 8 | 6 |   | 2 | 4 | 7 |   |
|   | 7 | 2 |   |   |   | 9 | 3 |   |
|   |   |   |   |   |   |   |   |   |

|   |   |   |   | 4 |   | 7 |   | 8 |
|---|---|---|---|---|---|---|---|---|
| 1 |   | 3 | 5 | 8 |   | 2 |   |   |
| 6 |   |   |   | 3 |   |   |   |   |
|   |   |   |   |   |   |   | 6 | 7 |
|   | 5 |   |   |   |   |   | 4 |   |
| 3 | 1 |   |   |   |   |   |   |   |
|   |   |   |   |   | 8 |   |   | 3 |
|   |   | 8 |   | 6 | 5 | 9 |   | 7 |
| 7 |   | 5 |   |   | 6 |   |   |   |

| | 1 | 4 | | | | 8 | 3 | |
|---|---|---|---|---|---|---|---|---|
| | | 8 | | | | 7 | | |
| 9 | | | 1 | | 7 | | | 4 |
| | | | 8 | | 4 | | | |
| 6 | | | | 7 | | | | 3 |
| | | | 9 | | 2 | | | |
| 5 | | | 6 | | 8 | | | 9 |
| | | 6 | | | | 5 | | |
| | 8 | 2 | | | | 3 | 1 | |

|   |   |   |   |   |   | 8 |   |   |
|---|---|---|---|---|---|---|---|---|
|   |   | 1 |   |   | 2 | 6 |   | 9 |
|   | 8 |   | 4 |   |   |   |   |   |
| 9 |   | 2 |   |   | 5 | 1 |   | 7 |
| 3 |   |   |   |   |   |   |   | 6 |
| 6 |   | 8 | 7 |   |   | 4 |   | 2 |
|   |   |   |   | 9 |   |   | 7 |   |
| 8 |   | 7 | 5 |   |   | 2 |   |   |
|   |   | 6 |   |   |   |   |   |   |

Fiendish

| | 2 | | | 6 | | | 7 | |
|---|---|---|---|---|---|---|---|---|
| 4 | | | | | 5 | | | 1 |
| | | 5 | | | 3 | 8 | | |
| | 7 | 2 | | | | | | |
| 8 | | | | 1 | | | | 2 |
| | | | | | | 4 | 9 | |
| | | 9 | 4 | | | 6 | | |
| 3 | | | 1 | | | | | 8 |
| | 5 | | | 8 | | | 4 | |

| | | | | | | | | |
|---|---|---|---|---|---|---|---|---|
| | | | | | | | | |
| | 2 | 3 | | 9 | | 6 | 4 | |
| | 1 | | 7 | | 8 | | 2 | |
| | | 9 | | | | 4 | | |
| | 8 | | 4 | | 5 | | 9 | |
| | | 5 | | | | 8 | | |
| | 6 | | 8 | | 2 | | 5 | |
| | 4 | 1 | | 6 | | 2 | 3 | |
| | | | | | | | | |

| | 1 | 2 | 8 | | | | | |
|---|---|---|---|---|---|---|---|---|
| | 9 | 3 | | | | 4 | | |
| | 4 | | | | 3 | | | |
| 1 | | | | 3 | 4 | | | |
| | 5 | | | | | | 3 | |
| | | | 1 | 7 | | | | 9 |
| | | | 6 | | | | 2 | |
| | | 1 | | | | 7 | 4 | |
| | | | | | 5 | 8 | 1 | |

|   |   |   |   | 4 | 8 | 9 |   |   |
|---|---|---|---|---|---|---|---|---|
|   |   | 4 | 2 |   |   |   | 1 |   |
|   |   |   | 3 |   |   |   | 8 |   |
| 9 |   |   |   |   |   | 6 | 4 |   |
|   |   | 5 |   |   |   | 7 |   |   |
|   | 3 | 8 |   |   |   |   |   | 2 |
|   | 6 |   |   |   | 1 |   |   |   |
|   | 2 |   |   |   | 5 | 3 |   |   |
|   |   | 9 | 8 | 2 |   |   |   |   |

Fiendish

|   |   | 4 | 8 |   | 5 | 2 |   |   |
|---|---|---|---|---|---|---|---|---|
| 9 | 8 |   |   |   |   |   | 6 | 1 |
|   | 3 |   | 2 |   | 1 |   | 7 |   |
| 6 |   |   |   |   |   |   |   | 9 |
|   | 7 |   | 4 |   | 9 |   | 8 |   |
| 4 | 5 |   |   |   |   |   | 2 | 3 |
|   |   | 6 | 7 |   | 2 | 8 |   |   |
|   |   |   |   |   |   |   |   |   |

| | | | | | | | | |
|---|---|---|---|---|---|---|---|---|
| | | | | | | | | |
| 8 | 5 | 9 | | | | | | 3 |
| | | | 7 | | | 8 | | 1 |
| | 6 | | 4 | | | 7 | | |
| 5 | | | | 3 | | | | 9 |
| | | 8 | | | 5 | | 1 | |
| 9 | | 3 | | | 4 | | | |
| 1 | | | | | | 3 | 6 | 7 |
| | | | | | | | | |

Fiendish

| 5 |   |   |   | 8 |   | 4 |   |   |
|---|---|---|---|---|---|---|---|---|
|   | 6 |   | 2 |   |   |   | 5 |   |
|   | 9 |   |   |   |   |   |   |   |
| 1 |   |   | 3 |   |   |   |   | 2 |
|   |   | 4 | 1 |   | 7 | 8 |   |   |
| 2 |   |   |   |   | 8 |   |   | 7 |
|   |   |   |   |   |   |   | 1 |   |
|   | 2 |   |   |   | 4 |   | 3 |   |
|   |   | 9 |   | 7 |   |   |   | 4 |

|   | 7 | 9 |   |   |   | 2 |   |   |
|---|---|---|---|---|---|---|---|---|
|   |   |   | 2 |   | 1 |   |   |   |
|   |   |   |   | 3 |   |   | 5 |   |
| 6 |   | 4 |   |   | 7 |   |   | 1 |
|   |   | 1 |   |   |   | 6 |   |   |
| 3 |   |   | 4 |   |   | 7 |   | 2 |
|   | 5 |   |   | 4 |   |   |   |   |
|   |   |   | 3 |   | 9 |   |   |   |
|   |   | 6 |   |   |   | 4 | 9 |   |

Fiendish

|   |   |   | 5 |   | 3 |   |   |   |
|---|---|---|---|---|---|---|---|---|
| 9 |   |   |   |   |   |   |   | 8 |
|   | 5 | 1 |   |   |   | 2 | 6 |   |
|   |   | 6 |   | 2 |   | 9 |   |   |
|   |   |   | 7 | 3 | 6 |   |   |   |
|   |   | 3 |   | 9 |   | 4 |   |   |
|   | 2 | 9 |   |   |   | 3 | 1 |   |
| 5 |   |   |   |   |   |   |   | 2 |
|   |   |   | 9 |   | 2 |   |   |   |

| 8 |   |   |   |   | 6 | 1 |   |   |
|---|---|---|---|---|---|---|---|---|
| 3 |   |   |   |   |   | 7 |   |   |
| 9 |   |   | 7 |   | 5 |   |   |   |
|   |   | 2 |   | 7 |   |   | 8 | 4 |
|   |   |   |   |   |   |   |   |   |
| 4 | 7 |   |   | 9 |   | 5 |   |   |
|   |   |   | 5 |   | 2 |   |   | 6 |
|   |   | 1 |   |   |   |   |   | 8 |
|   |   | 4 | 1 |   |   |   |   | 7 |

Fiendish

| | 6 | | 5 | | 9 | | 1 | |
|---|---|---|---|---|---|---|---|---|
| | | 9 | | 3 | | 2 | | |
| 8 | | | | | | | | 7 |
| | | 1 | | | | 5 | | |
| | 9 | | 6 | | 1 | | 4 | |
| | | 7 | | | | 3 | | |
| 9 | | | | | | | | 5 |
| | | 5 | | 9 | | 4 | | |
| | 7 | | 8 | | 4 | | 2 | |

| 2 |   |   | 1 |   | 5 |   |   | 3 |
|---|---|---|---|---|---|---|---|---|
|   |   |   |   |   |   |   |   |   |
|   |   | 9 | 3 |   | 7 | 2 |   |   |
|   | 8 |   |   | 6 |   |   | 3 |   |
|   | 7 |   |   |   |   |   | 5 |   |
|   | 5 |   |   | 7 |   |   | 9 |   |
|   |   | 7 | 9 |   | 1 | 8 |   |   |
|   |   |   |   |   |   |   |   |   |
| 1 |   |   | 6 |   | 2 |   |   | 7 |

Fiendish

| 9 |   |   |   |   | 3 | 4 |   |   |
|---|---|---|---|---|---|---|---|---|
|   |   |   |   |   |   | 7 |   |   |
|   | 5 |   |   | 8 | 1 |   |   |   |
| 6 |   |   | 1 |   |   | 9 |   | 4 |
| 7 |   |   |   |   |   |   |   | 8 |
| 2 |   | 8 |   |   | 4 |   |   | 6 |
|   |   |   | 3 | 5 |   |   | 2 |   |
|   |   | 1 |   |   |   |   |   |   |
|   |   | 2 | 4 |   |   |   |   | 7 |

| | 3 | 1 | | | | | | |
|---|---|---|---|---|---|---|---|---|
| | 2 | | | | | 4 | 3 | 7 |
| | 5 | | | 7 | | | | 9 |
| | | | 3 | | 9 | | | |
| | | 8 | | | | 6 | | |
| | | | 8 | | 5 | | | |
| 4 | | | | 2 | | | 8 | |
| 6 | 8 | 7 | | | | | 4 | |
| | | | | | | 1 | 7 | |

Fiendish

| | | 7 | | | | | | 2 |
|---|---|---|---|---|---|---|---|---|
| | | 1 | | 8 | | | 9 | 6 |
| | 2 | | | | 9 | 3 | | |
| | | | | | 4 | | | |
| | | 5 | 9 | | 6 | 1 | | |
| | | | 3 | | | | | |
| | | 2 | 8 | | | | 5 | |
| 1 | 4 | | | 5 | | 7 | | |
| 7 | | | | | | 6 | | |

|   |   |   |   |   | 9 |   | 4 |   |
|---|---|---|---|---|---|---|---|---|
|   |   | 2 |   |   |   |   | 7 | 6 |
| 9 |   |   | 7 |   | 5 |   |   |   |
|   |   |   |   |   | 7 |   | 2 |   |
| 3 |   |   |   |   |   |   |   | 8 |
|   | 4 |   | 1 |   |   |   |   |   |
|   |   |   | 3 |   | 6 |   |   | 5 |
| 1 | 2 |   |   |   |   | 3 |   |   |
|   | 9 |   | 8 |   |   |   |   |   |

Fiendish

|   |   |   | 9 |   |   | 8 |   |   |
|---|---|---|---|---|---|---|---|---|
| 4 | 9 |   |   |   |   |   |   |   |
| 5 |   |   |   | 3 |   |   | 7 |   |
|   |   |   | 2 |   |   | 1 |   |   |
|   |   | 8 | 4 |   | 1 | 2 |   |   |
|   |   | 6 |   |   | 7 |   |   |   |
|   | 6 |   |   | 5 |   |   |   | 3 |
|   |   |   |   |   |   |   | 4 | 2 |
|   |   | 4 |   |   | 8 |   |   |   |

| | 4 | | | 9 | | 7 | | 5 |
|---|---|---|---|---|---|---|---|---|
| | | 3 | | | | | 1 | |
| | 1 | | | | | | | |
| 6 | | | | | 4 | | | 1 |
| | | 7 | 6 | | 2 | 8 | | |
| 2 | | | 5 | | | | | 3 |
| | | | | | | | 2 | |
| | 5 | | | | | 9 | | |
| 3 | | 9 | | 7 | | | 8 | |

| 5 |   |   |   |   | 8 |   |   |   |
|---|---|---|---|---|---|---|---|---|
| 8 |   | 4 | 3 |   |   |   | 6 |   |
|   |   |   |   | 1 |   |   |   | 8 |
|   | 5 | 6 |   | 4 |   |   |   |   |
|   |   |   |   |   |   |   |   |   |
|   |   |   |   | 3 |   | 8 | 2 |   |
| 2 |   |   |   | 5 |   |   |   |   |
|   | 1 |   |   |   | 9 | 4 |   | 6 |
|   |   |   | 4 |   |   |   |   | 5 |

| | 9 | | 3 | | | | | |
|---|---|---|---|---|---|---|---|---|
| | 1 | | | 9 | | | 5 | |
| | | 8 | | 5 | | | 7 | |
| | | | | | | 1 | | 8 |
| 6 | | | 9 | | 8 | | | 3 |
| 9 | | 4 | | | | | | |
| | 2 | | | 7 | | 9 | | |
| | 6 | | | 4 | | | 2 | |
| | | | | | 9 | | 8 | |

Fiendish

# Solutions

**1**

| 7 | 5 | 9 | 4 | 8 | 1 | 3 | 6 | 2 |
|---|---|---|---|---|---|---|---|---|
| 8 | 1 | 6 | 2 | 9 | 3 | 5 | 7 | 4 |
| 4 | 3 | 2 | 6 | 7 | 5 | 8 | 9 | 1 |
| 1 | 4 | 7 | 5 | 3 | 6 | 9 | 2 | 8 |
| 5 | 2 | 3 | 9 | 4 | 8 | 7 | 1 | 6 |
| 6 | 9 | 8 | 1 | 2 | 7 | 4 | 3 | 5 |
| 3 | 7 | 5 | 8 | 1 | 2 | 6 | 4 | 9 |
| 9 | 6 | 1 | 3 | 5 | 4 | 2 | 8 | 7 |
| 2 | 8 | 4 | 7 | 6 | 9 | 1 | 5 | 3 |

**2**

| 2 | 9 | 3 | 8 | 6 | 4 | 7 | 1 | 5 |
|---|---|---|---|---|---|---|---|---|
| 1 | 6 | 7 | 2 | 5 | 3 | 4 | 9 | 8 |
| 8 | 4 | 5 | 1 | 7 | 9 | 6 | 2 | 3 |
| 3 | 1 | 2 | 7 | 4 | 5 | 8 | 6 | 9 |
| 7 | 8 | 6 | 9 | 1 | 2 | 5 | 3 | 4 |
| 9 | 5 | 4 | 6 | 3 | 8 | 1 | 7 | 2 |
| 5 | 7 | 9 | 4 | 2 | 6 | 3 | 8 | 1 |
| 6 | 3 | 8 | 5 | 9 | 1 | 2 | 4 | 7 |
| 4 | 2 | 1 | 3 | 8 | 7 | 9 | 5 | 6 |

**3**

| 7 | 9 | 6 | 8 | 5 | 4 | 2 | 1 | 3 |
|---|---|---|---|---|---|---|---|---|
| 8 | 4 | 3 | 7 | 2 | 1 | 6 | 5 | 9 |
| 1 | 2 | 5 | 6 | 3 | 9 | 8 | 4 | 7 |
| 5 | 1 | 8 | 4 | 9 | 3 | 7 | 6 | 2 |
| 3 | 6 | 9 | 5 | 7 | 2 | 1 | 8 | 4 |
| 4 | 7 | 2 | 1 | 6 | 8 | 9 | 3 | 5 |
| 6 | 5 | 4 | 9 | 8 | 7 | 3 | 2 | 1 |
| 9 | 3 | 1 | 2 | 4 | 6 | 5 | 7 | 8 |
| 2 | 8 | 7 | 3 | 1 | 5 | 4 | 9 | 6 |

**4**

| 4 | 6 | 5 | 7 | 8 | 9 | 3 | 1 | 2 |
|---|---|---|---|---|---|---|---|---|
| 8 | 2 | 7 | 4 | 1 | 3 | 9 | 5 | 6 |
| 1 | 9 | 3 | 6 | 2 | 5 | 8 | 4 | 7 |
| 6 | 4 | 1 | 9 | 7 | 2 | 5 | 3 | 8 |
| 5 | 8 | 9 | 3 | 6 | 4 | 7 | 2 | 1 |
| 7 | 3 | 2 | 8 | 5 | 1 | 4 | 6 | 9 |
| 3 | 7 | 4 | 1 | 9 | 6 | 2 | 8 | 5 |
| 9 | 5 | 6 | 2 | 3 | 8 | 1 | 7 | 4 |
| 2 | 1 | 8 | 5 | 4 | 7 | 6 | 9 | 3 |

**5**

| 5 | 8 | 1 | 4 | 6 | 2 | 7 | 3 | 9 |
|---|---|---|---|---|---|---|---|---|
| 7 | 2 | 6 | 5 | 3 | 9 | 1 | 4 | 8 |
| 4 | 3 | 9 | 8 | 1 | 7 | 5 | 2 | 6 |
| 3 | 7 | 8 | 2 | 5 | 4 | 9 | 6 | 1 |
| 1 | 5 | 2 | 7 | 9 | 6 | 3 | 8 | 4 |
| 9 | 6 | 4 | 3 | 8 | 1 | 2 | 7 | 5 |
| 6 | 4 | 7 | 9 | 2 | 5 | 8 | 1 | 3 |
| 2 | 9 | 3 | 1 | 4 | 8 | 6 | 5 | 7 |
| 8 | 1 | 5 | 6 | 7 | 3 | 4 | 9 | 2 |

**6**

| 9 | 8 | 2 | 6 | 1 | 4 | 5 | 7 | 3 |
|---|---|---|---|---|---|---|---|---|
| 5 | 3 | 1 | 2 | 9 | 7 | 4 | 6 | 8 |
| 7 | 6 | 4 | 5 | 8 | 3 | 9 | 2 | 1 |
| 4 | 7 | 9 | 3 | 5 | 2 | 1 | 8 | 6 |
| 3 | 2 | 5 | 1 | 6 | 8 | 7 | 9 | 4 |
| 8 | 1 | 6 | 7 | 4 | 9 | 2 | 3 | 5 |
| 1 | 4 | 8 | 9 | 2 | 6 | 3 | 5 | 7 |
| 6 | 9 | 7 | 4 | 3 | 5 | 8 | 1 | 2 |
| 2 | 5 | 3 | 8 | 7 | 1 | 6 | 4 | 9 |

7

| 2 | 5 | 6 | 8 | 9 | 7 | 4 | 1 | 3 |
|---|---|---|---|---|---|---|---|---|
| 7 | 8 | 3 | 6 | 4 | 1 | 5 | 2 | 9 |
| 1 | 9 | 4 | 5 | 3 | 2 | 8 | 6 | 7 |
| 9 | 6 | 7 | 2 | 8 | 3 | 1 | 5 | 4 |
| 3 | 2 | 8 | 1 | 5 | 4 | 9 | 7 | 6 |
| 4 | 1 | 5 | 9 | 7 | 6 | 3 | 8 | 2 |
| 8 | 3 | 2 | 4 | 6 | 5 | 7 | 9 | 1 |
| 5 | 4 | 1 | 7 | 2 | 9 | 6 | 3 | 8 |
| 6 | 7 | 9 | 3 | 1 | 8 | 2 | 4 | 5 |

8

| 5 | 3 | 6 | 1 | 2 | 8 | 7 | 4 | 9 |
|---|---|---|---|---|---|---|---|---|
| 7 | 9 | 4 | 5 | 3 | 6 | 2 | 1 | 8 |
| 8 | 1 | 2 | 7 | 4 | 9 | 3 | 6 | 5 |
| 2 | 5 | 3 | 6 | 1 | 4 | 9 | 8 | 7 |
| 6 | 4 | 9 | 2 | 8 | 7 | 1 | 5 | 3 |
| 1 | 7 | 8 | 3 | 9 | 5 | 6 | 2 | 4 |
| 9 | 2 | 1 | 8 | 5 | 3 | 4 | 7 | 6 |
| 3 | 8 | 7 | 4 | 6 | 1 | 5 | 9 | 2 |
| 4 | 6 | 5 | 9 | 7 | 2 | 8 | 3 | 1 |

9

| 5 | 6 | 9 | 3 | 1 | 7 | 2 | 4 | 8 |
|---|---|---|---|---|---|---|---|---|
| 8 | 1 | 4 | 2 | 9 | 6 | 3 | 5 | 7 |
| 3 | 7 | 2 | 5 | 8 | 4 | 1 | 9 | 6 |
| 6 | 2 | 1 | 9 | 4 | 5 | 8 | 7 | 3 |
| 7 | 8 | 5 | 1 | 3 | 2 | 9 | 6 | 4 |
| 9 | 4 | 3 | 6 | 7 | 8 | 5 | 1 | 2 |
| 2 | 3 | 7 | 4 | 5 | 9 | 6 | 8 | 1 |
| 4 | 9 | 6 | 8 | 2 | 1 | 7 | 3 | 5 |
| 1 | 5 | 8 | 7 | 6 | 3 | 4 | 2 | 9 |

10

| 4 | 9 | 6 | 3 | 1 | 5 | 7 | 8 | 2 |
|---|---|---|---|---|---|---|---|---|
| 5 | 2 | 7 | 4 | 6 | 8 | 9 | 1 | 3 |
| 8 | 3 | 1 | 7 | 9 | 2 | 5 | 6 | 4 |
| 3 | 8 | 2 | 1 | 7 | 6 | 4 | 9 | 5 |
| 1 | 7 | 9 | 2 | 5 | 4 | 6 | 3 | 8 |
| 6 | 4 | 5 | 9 | 8 | 3 | 2 | 7 | 1 |
| 9 | 5 | 4 | 6 | 3 | 1 | 8 | 2 | 7 |
| 7 | 1 | 8 | 5 | 2 | 9 | 3 | 4 | 6 |
| 2 | 6 | 3 | 8 | 4 | 7 | 1 | 5 | 9 |

**11**

| 8 | 7 | 3 | 5 | 2 | 9 | 1 | 6 | 4 |
| 6 | 9 | 1 | 3 | 7 | 4 | 5 | 8 | 2 |
| 5 | 2 | 4 | 1 | 8 | 6 | 9 | 7 | 3 |
| 4 | 5 | 7 | 9 | 6 | 1 | 3 | 2 | 8 |
| 1 | 3 | 8 | 7 | 5 | 2 | 4 | 9 | 6 |
| 2 | 6 | 9 | 8 | 4 | 3 | 7 | 5 | 1 |
| 3 | 4 | 2 | 6 | 9 | 5 | 8 | 1 | 7 |
| 9 | 8 | 6 | 4 | 1 | 7 | 2 | 3 | 5 |
| 7 | 1 | 5 | 2 | 3 | 8 | 6 | 4 | 9 |

**12**

| 6 | 3 | 1 | 4 | 5 | 8 | 7 | 2 | 9 |
| 9 | 8 | 4 | 2 | 6 | 7 | 3 | 5 | 1 |
| 5 | 7 | 2 | 1 | 3 | 9 | 6 | 4 | 8 |
| 2 | 9 | 8 | 5 | 1 | 3 | 4 | 6 | 7 |
| 4 | 1 | 6 | 8 | 7 | 2 | 9 | 3 | 5 |
| 3 | 5 | 7 | 6 | 9 | 4 | 8 | 1 | 2 |
| 1 | 2 | 3 | 7 | 8 | 6 | 5 | 9 | 4 |
| 7 | 4 | 9 | 3 | 2 | 5 | 1 | 8 | 6 |
| 8 | 6 | 5 | 9 | 4 | 1 | 2 | 7 | 3 |

Su Doku

13

| 5 | 2 | 8 | 1 | 3 | 9 | 6 | 7 | 4 |
| 4 | 7 | 3 | 2 | 8 | 6 | 5 | 9 | 1 |
| 9 | 6 | 1 | 4 | 5 | 7 | 3 | 8 | 2 |
| 6 | 4 | 5 | 9 | 2 | 1 | 8 | 3 | 7 |
| 2 | 8 | 9 | 7 | 6 | 3 | 1 | 4 | 5 |
| 1 | 3 | 7 | 8 | 4 | 5 | 9 | 2 | 6 |
| 7 | 5 | 6 | 3 | 9 | 2 | 4 | 1 | 8 |
| 8 | 9 | 2 | 6 | 1 | 4 | 7 | 5 | 3 |
| 3 | 1 | 4 | 5 | 7 | 8 | 2 | 6 | 9 |

14

| 9 | 5 | 2 | 1 | 7 | 3 | 4 | 8 | 6 |
| 1 | 6 | 4 | 9 | 2 | 8 | 3 | 7 | 5 |
| 7 | 8 | 3 | 4 | 6 | 5 | 1 | 9 | 2 |
| 3 | 7 | 9 | 6 | 8 | 1 | 5 | 2 | 4 |
| 8 | 2 | 5 | 7 | 3 | 4 | 6 | 1 | 9 |
| 4 | 1 | 6 | 5 | 9 | 2 | 8 | 3 | 7 |
| 2 | 3 | 7 | 8 | 5 | 6 | 9 | 4 | 1 |
| 6 | 4 | 8 | 2 | 1 | 9 | 7 | 5 | 3 |
| 5 | 9 | 1 | 3 | 4 | 7 | 2 | 6 | 8 |

15

| 4 | 9 | 8 | 1 | 5 | 6 | 7 | 2 | 3 |
| 3 | 2 | 1 | 4 | 7 | 9 | 8 | 6 | 5 |
| 6 | 7 | 5 | 2 | 3 | 8 | 9 | 1 | 4 |
| 5 | 4 | 7 | 9 | 8 | 1 | 6 | 3 | 2 |
| 1 | 8 | 3 | 5 | 6 | 2 | 4 | 9 | 7 |
| 2 | 6 | 9 | 7 | 4 | 3 | 1 | 5 | 8 |
| 7 | 1 | 4 | 3 | 9 | 5 | 2 | 8 | 6 |
| 8 | 3 | 2 | 6 | 1 | 7 | 5 | 4 | 9 |
| 9 | 5 | 6 | 8 | 2 | 4 | 3 | 7 | 1 |

16

| 5 | 4 | 1 | 3 | 7 | 8 | 9 | 6 | 2 |
| 9 | 2 | 6 | 4 | 1 | 5 | 8 | 7 | 3 |
| 8 | 3 | 7 | 9 | 2 | 6 | 1 | 4 | 5 |
| 2 | 6 | 3 | 5 | 4 | 1 | 7 | 8 | 9 |
| 1 | 7 | 5 | 8 | 3 | 9 | 6 | 2 | 4 |
| 4 | 8 | 9 | 2 | 6 | 7 | 3 | 5 | 1 |
| 3 | 5 | 8 | 6 | 9 | 4 | 2 | 1 | 7 |
| 7 | 9 | 4 | 1 | 8 | 2 | 5 | 3 | 6 |
| 6 | 1 | 2 | 7 | 5 | 3 | 4 | 9 | 8 |

Su Doku

**17**

| 9 | 7 | 8 | 2 | 6 | 5 | 1 | 4 | 3 |
| 6 | 4 | 3 | 1 | 7 | 9 | 8 | 5 | 2 |
| 1 | 2 | 5 | 3 | 4 | 8 | 7 | 6 | 9 |
| 5 | 8 | 1 | 6 | 9 | 7 | 3 | 2 | 4 |
| 7 | 6 | 4 | 5 | 3 | 2 | 9 | 1 | 8 |
| 2 | 3 | 9 | 8 | 1 | 4 | 6 | 7 | 5 |
| 3 | 9 | 7 | 4 | 5 | 6 | 2 | 8 | 1 |
| 8 | 5 | 6 | 9 | 2 | 1 | 4 | 3 | 7 |
| 4 | 1 | 2 | 7 | 8 | 3 | 5 | 9 | 6 |

**18**

| 4 | 2 | 1 | 3 | 5 | 6 | 8 | 9 | 7 |
| 3 | 6 | 7 | 8 | 4 | 9 | 1 | 2 | 5 |
| 9 | 5 | 8 | 1 | 2 | 7 | 6 | 4 | 3 |
| 8 | 7 | 6 | 5 | 9 | 2 | 4 | 3 | 1 |
| 5 | 3 | 9 | 4 | 7 | 1 | 2 | 8 | 6 |
| 1 | 4 | 2 | 6 | 8 | 3 | 7 | 5 | 9 |
| 7 | 9 | 4 | 2 | 1 | 5 | 3 | 6 | 8 |
| 6 | 8 | 5 | 7 | 3 | 4 | 9 | 1 | 2 |
| 2 | 1 | 3 | 9 | 6 | 8 | 5 | 7 | 4 |

19

| 6 | 7 | 9 | 1 | 5 | 8 | 4 | 3 | 2 |
| 5 | 2 | 3 | 7 | 4 | 9 | 8 | 1 | 6 |
| 1 | 4 | 8 | 2 | 6 | 3 | 5 | 9 | 7 |
| 9 | 6 | 2 | 3 | 8 | 4 | 1 | 7 | 5 |
| 7 | 8 | 4 | 9 | 1 | 5 | 2 | 6 | 3 |
| 3 | 1 | 5 | 6 | 2 | 7 | 9 | 8 | 4 |
| 8 | 9 | 7 | 4 | 3 | 2 | 6 | 5 | 1 |
| 2 | 3 | 6 | 5 | 9 | 1 | 7 | 4 | 8 |
| 4 | 5 | 1 | 8 | 7 | 6 | 3 | 2 | 9 |

20

| 5 | 3 | 7 | 4 | 2 | 9 | 8 | 6 | 1 |
| 6 | 2 | 4 | 3 | 1 | 8 | 9 | 7 | 5 |
| 8 | 1 | 9 | 6 | 7 | 5 | 3 | 2 | 4 |
| 2 | 7 | 8 | 5 | 6 | 3 | 1 | 4 | 9 |
| 9 | 6 | 1 | 2 | 8 | 4 | 5 | 3 | 7 |
| 4 | 5 | 3 | 1 | 9 | 7 | 2 | 8 | 6 |
| 7 | 4 | 2 | 8 | 5 | 1 | 6 | 9 | 3 |
| 3 | 8 | 5 | 9 | 4 | 6 | 7 | 1 | 2 |
| 1 | 9 | 6 | 7 | 3 | 2 | 4 | 5 | 8 |

**21**

| 9 | 3 | 5 | 1 | 6 | 4 | 8 | 2 | 7 |
| 1 | 4 | 7 | 2 | 5 | 8 | 9 | 6 | 3 |
| 8 | 2 | 6 | 3 | 7 | 9 | 4 | 5 | 1 |
| 2 | 8 | 4 | 5 | 9 | 1 | 3 | 7 | 6 |
| 6 | 9 | 3 | 7 | 4 | 2 | 1 | 8 | 5 |
| 7 | 5 | 1 | 6 | 8 | 3 | 2 | 4 | 9 |
| 3 | 6 | 9 | 4 | 2 | 5 | 7 | 1 | 8 |
| 5 | 1 | 2 | 8 | 3 | 7 | 6 | 9 | 4 |
| 4 | 7 | 8 | 9 | 1 | 6 | 5 | 3 | 2 |

**22**

| 3 | 7 | 9 | 6 | 5 | 4 | 1 | 2 | 8 |
| 4 | 5 | 6 | 1 | 2 | 8 | 9 | 3 | 7 |
| 1 | 8 | 2 | 7 | 9 | 3 | 4 | 5 | 6 |
| 5 | 6 | 7 | 4 | 3 | 9 | 2 | 8 | 1 |
| 8 | 9 | 3 | 2 | 6 | 1 | 7 | 4 | 5 |
| 2 | 4 | 1 | 5 | 8 | 7 | 6 | 9 | 3 |
| 9 | 3 | 4 | 8 | 1 | 6 | 5 | 7 | 2 |
| 6 | 2 | 8 | 9 | 7 | 5 | 3 | 1 | 4 |
| 7 | 1 | 5 | 3 | 4 | 2 | 8 | 6 | 9 |

**23**

| 2 | 4 | 7 | 9 | 6 | 1 | 3 | 8 | 5 |
|---|---|---|---|---|---|---|---|---|
| 5 | 3 | 9 | 2 | 4 | 8 | 6 | 7 | 1 |
| 6 | 8 | 1 | 7 | 5 | 3 | 2 | 4 | 9 |
| 8 | 5 | 2 | 3 | 1 | 9 | 4 | 6 | 7 |
| 3 | 7 | 4 | 5 | 2 | 6 | 1 | 9 | 8 |
| 9 | 1 | 6 | 4 | 8 | 7 | 5 | 2 | 3 |
| 4 | 2 | 3 | 8 | 9 | 5 | 7 | 1 | 6 |
| 1 | 9 | 5 | 6 | 7 | 2 | 8 | 3 | 4 |
| 7 | 6 | 8 | 1 | 3 | 4 | 9 | 5 | 2 |

**24**

| 5 | 7 | 4 | 6 | 9 | 1 | 8 | 3 | 2 |
|---|---|---|---|---|---|---|---|---|
| 6 | 1 | 2 | 5 | 8 | 3 | 4 | 9 | 7 |
| 8 | 9 | 3 | 7 | 2 | 4 | 1 | 6 | 5 |
| 3 | 2 | 5 | 8 | 6 | 7 | 9 | 4 | 1 |
| 4 | 8 | 9 | 2 | 1 | 5 | 3 | 7 | 6 |
| 7 | 6 | 1 | 3 | 4 | 9 | 2 | 5 | 8 |
| 1 | 5 | 8 | 9 | 3 | 6 | 7 | 2 | 4 |
| 9 | 4 | 6 | 1 | 7 | 2 | 5 | 8 | 3 |
| 2 | 3 | 7 | 4 | 5 | 8 | 6 | 1 | 9 |

**25**

| 3 | 8 | 7 | 4 | 6 | 9 | 5 | 1 | 2 |
| 2 | 5 | 1 | 3 | 8 | 7 | 6 | 9 | 4 |
| 4 | 6 | 9 | 5 | 1 | 2 | 8 | 3 | 7 |
| 1 | 9 | 6 | 7 | 3 | 8 | 2 | 4 | 5 |
| 7 | 2 | 4 | 6 | 5 | 1 | 9 | 8 | 3 |
| 8 | 3 | 5 | 2 | 9 | 4 | 7 | 6 | 1 |
| 6 | 4 | 2 | 9 | 7 | 3 | 1 | 5 | 8 |
| 9 | 7 | 8 | 1 | 4 | 5 | 3 | 2 | 6 |
| 5 | 1 | 3 | 8 | 2 | 6 | 4 | 7 | 9 |

**26**

| 2 | 4 | 7 | 3 | 5 | 8 | 9 | 1 | 6 |
| 8 | 3 | 1 | 9 | 7 | 6 | 4 | 5 | 2 |
| 6 | 5 | 9 | 4 | 1 | 2 | 7 | 8 | 3 |
| 3 | 9 | 4 | 6 | 2 | 5 | 1 | 7 | 8 |
| 7 | 6 | 5 | 8 | 9 | 1 | 2 | 3 | 4 |
| 1 | 8 | 2 | 7 | 4 | 3 | 5 | 6 | 9 |
| 4 | 1 | 3 | 5 | 8 | 9 | 6 | 2 | 7 |
| 9 | 2 | 6 | 1 | 3 | 7 | 8 | 4 | 5 |
| 5 | 7 | 8 | 2 | 6 | 4 | 3 | 9 | 1 |

**27**

| 5 | 3 | 4 | 9 | 2 | 1 | 6 | 7 | 8 |
|---|---|---|---|---|---|---|---|---|
| 6 | 7 | 9 | 4 | 5 | 8 | 1 | 2 | 3 |
| 2 | 1 | 8 | 6 | 3 | 7 | 5 | 9 | 4 |
| 7 | 4 | 2 | 5 | 8 | 9 | 3 | 1 | 6 |
| 9 | 5 | 6 | 7 | 1 | 3 | 4 | 8 | 2 |
| 3 | 8 | 1 | 2 | 6 | 4 | 9 | 5 | 7 |
| 8 | 6 | 3 | 1 | 9 | 2 | 7 | 4 | 5 |
| 1 | 2 | 7 | 3 | 4 | 5 | 8 | 6 | 9 |
| 4 | 9 | 5 | 8 | 7 | 6 | 2 | 3 | 1 |

**28**

| 6 | 1 | 5 | 7 | 2 | 8 | 3 | 9 | 4 |
|---|---|---|---|---|---|---|---|---|
| 8 | 7 | 2 | 9 | 4 | 3 | 6 | 5 | 1 |
| 3 | 9 | 4 | 5 | 1 | 6 | 7 | 2 | 8 |
| 9 | 6 | 1 | 4 | 7 | 5 | 2 | 8 | 3 |
| 5 | 3 | 8 | 1 | 6 | 2 | 9 | 4 | 7 |
| 2 | 4 | 7 | 3 | 8 | 9 | 5 | 1 | 6 |
| 1 | 2 | 6 | 8 | 5 | 7 | 4 | 3 | 9 |
| 4 | 5 | 3 | 6 | 9 | 1 | 8 | 7 | 2 |
| 7 | 8 | 9 | 2 | 3 | 4 | 1 | 6 | 5 |

29

| 9 | 2 | 6 | 5 | 8 | 7 | 3 | 4 | 1 |
| 8 | 1 | 3 | 2 | 9 | 4 | 5 | 7 | 6 |
| 7 | 4 | 5 | 1 | 3 | 6 | 9 | 8 | 2 |
| 3 | 9 | 8 | 4 | 5 | 2 | 6 | 1 | 7 |
| 2 | 5 | 1 | 7 | 6 | 3 | 4 | 9 | 8 |
| 4 | 6 | 7 | 8 | 1 | 9 | 2 | 3 | 5 |
| 1 | 3 | 4 | 6 | 2 | 8 | 7 | 5 | 9 |
| 6 | 8 | 9 | 3 | 7 | 5 | 1 | 2 | 4 |
| 5 | 7 | 2 | 9 | 4 | 1 | 8 | 6 | 3 |

30

| 5 | 8 | 6 | 1 | 4 | 2 | 7 | 3 | 9 |
| 2 | 7 | 4 | 6 | 9 | 3 | 8 | 1 | 5 |
| 9 | 1 | 3 | 5 | 7 | 8 | 6 | 2 | 4 |
| 1 | 4 | 2 | 3 | 5 | 7 | 9 | 8 | 6 |
| 7 | 6 | 8 | 2 | 1 | 9 | 4 | 5 | 3 |
| 3 | 9 | 5 | 8 | 6 | 4 | 2 | 7 | 1 |
| 6 | 2 | 1 | 4 | 8 | 5 | 3 | 9 | 7 |
| 8 | 5 | 7 | 9 | 3 | 6 | 1 | 4 | 2 |
| 4 | 3 | 9 | 7 | 2 | 1 | 5 | 6 | 8 |

31

| 1 | 2 | 9 | 5 | 3 | 4 | 6 | 7 | 8 |
|---|---|---|---|---|---|---|---|---|
| 4 | 5 | 3 | 7 | 6 | 8 | 9 | 1 | 2 |
| 6 | 8 | 7 | 1 | 2 | 9 | 5 | 4 | 3 |
| 8 | 1 | 2 | 9 | 7 | 3 | 4 | 5 | 6 |
| 9 | 4 | 5 | 2 | 1 | 6 | 3 | 8 | 7 |
| 7 | 3 | 6 | 8 | 4 | 5 | 1 | 2 | 9 |
| 5 | 7 | 8 | 3 | 9 | 1 | 2 | 6 | 4 |
| 2 | 9 | 4 | 6 | 5 | 7 | 8 | 3 | 1 |
| 3 | 6 | 1 | 4 | 8 | 2 | 7 | 9 | 5 |

32

| 2 | 3 | 6 | 8 | 9 | 4 | 7 | 1 | 5 |
|---|---|---|---|---|---|---|---|---|
| 5 | 4 | 7 | 2 | 6 | 1 | 8 | 3 | 9 |
| 8 | 1 | 9 | 7 | 5 | 3 | 4 | 2 | 6 |
| 6 | 2 | 5 | 9 | 7 | 8 | 3 | 4 | 1 |
| 4 | 8 | 1 | 6 | 3 | 2 | 9 | 5 | 7 |
| 9 | 7 | 3 | 1 | 4 | 5 | 2 | 6 | 8 |
| 3 | 5 | 8 | 4 | 1 | 9 | 6 | 7 | 2 |
| 1 | 6 | 2 | 3 | 8 | 7 | 5 | 9 | 4 |
| 7 | 9 | 4 | 5 | 2 | 6 | 1 | 8 | 3 |

**33**

| 7 | 6 | 1 | 2 | 5 | 8 | 9 | 4 | 3 |
| 8 | 9 | 2 | 7 | 3 | 4 | 6 | 1 | 5 |
| 5 | 4 | 3 | 9 | 6 | 1 | 8 | 2 | 7 |
| 1 | 3 | 9 | 6 | 7 | 2 | 4 | 5 | 8 |
| 2 | 5 | 8 | 3 | 4 | 9 | 1 | 7 | 6 |
| 6 | 7 | 4 | 8 | 1 | 5 | 3 | 9 | 2 |
| 3 | 2 | 7 | 1 | 9 | 6 | 5 | 8 | 4 |
| 9 | 8 | 5 | 4 | 2 | 3 | 7 | 6 | 1 |
| 4 | 1 | 6 | 5 | 8 | 7 | 2 | 3 | 9 |

**34**

| 5 | 9 | 7 | 8 | 3 | 4 | 1 | 6 | 2 |
| 2 | 6 | 8 | 5 | 7 | 1 | 4 | 3 | 9 |
| 4 | 1 | 3 | 9 | 2 | 6 | 7 | 8 | 5 |
| 8 | 4 | 5 | 7 | 6 | 2 | 3 | 9 | 1 |
| 9 | 2 | 6 | 1 | 8 | 3 | 5 | 4 | 7 |
| 3 | 7 | 1 | 4 | 9 | 5 | 8 | 2 | 6 |
| 6 | 8 | 2 | 3 | 1 | 7 | 9 | 5 | 4 |
| 7 | 5 | 9 | 2 | 4 | 8 | 6 | 1 | 3 |
| 1 | 3 | 4 | 6 | 5 | 9 | 2 | 7 | 8 |

35

| 9 | 4 | 2 | 8 | 5 | 7 | 6 | 3 | 1 |
| 1 | 5 | 7 | 2 | 6 | 3 | 8 | 4 | 9 |
| 8 | 3 | 6 | 4 | 1 | 9 | 5 | 2 | 7 |
| 7 | 6 | 3 | 1 | 9 | 2 | 4 | 5 | 8 |
| 5 | 8 | 1 | 6 | 7 | 4 | 2 | 9 | 3 |
| 2 | 9 | 4 | 5 | 3 | 8 | 7 | 1 | 6 |
| 6 | 2 | 5 | 9 | 8 | 1 | 3 | 7 | 4 |
| 4 | 7 | 9 | 3 | 2 | 6 | 1 | 8 | 5 |
| 3 | 1 | 8 | 7 | 4 | 5 | 9 | 6 | 2 |

36

| D | B | E | F | A | G | I | C | H |
| F | C | H | B | E | I | A | G | D |
| G | I | A | H | D | C | E | B | F |
| E | G | D | C | B | H | F | I | A |
| C | A | I | D | F | E | B | H | G |
| B | H | F | G | I | A | C | D | E |
| H | F | G | E | C | B | D | A | I |
| A | D | B | I | G | F | H | E | C |
| I | E | C | A | H | D | G | F | B |

**37**

| G | C | E | H | I | D | A | F | B |
|---|---|---|---|---|---|---|---|---|
| I | B | D | G | A | F | C | E | H |
| F | H | A | C | B | E | G | D | I |
| D | F | G | E | C | B | H | I | A |
| H | I | B | D | G | A | E | C | F |
| A | E | C | F | H | I | B | G | D |
| E | D | H | A | F | G | I | B | C |
| B | A | F | I | E | C | D | H | G |
| C | G | I | B | D | H | F | A | E |

**38**

| A | C | G | H | D | F | E | B | I |
|---|---|---|---|---|---|---|---|---|
| E | I | F | A | G | B | H | D | C |
| B | D | H | I | C | E | A | G | F |
| C | E | B | D | A | I | F | H | G |
| G | H | I | F | B | C | D | A | E |
| F | A | D | E | H | G | I | C | B |
| D | G | E | B | I | A | C | F | H |
| H | F | C | G | E | D | B | I | A |
| I | B | A | C | F | H | G | E | D |

**39**

| A | C | F | H | G | E | I | D | B |
|---|---|---|---|---|---|---|---|---|
| I | E | G | A | D | B | F | C | H |
| B | D | H | F | C | I | G | A | E |
| D | B | C | G | I | H | A | E | F |
| G | F | A | E | B | D | H | I | C |
| H | I | E | C | F | A | B | G | D |
| E | H | I | D | A | F | C | B | G |
| C | A | D | B | H | G | E | F | I |
| F | G | B | I | E | C | D | H | A |

**40**

| F | E | A | G | D | H | B | C | I |
|---|---|---|---|---|---|---|---|---|
| B | I | G | A | C | F | E | D | H |
| H | D | C | I | B | E | F | A | G |
| D | H | E | B | G | I | A | F | C |
| G | C | F | D | H | A | I | E | B |
| I | A | B | E | F | C | H | G | D |
| A | F | H | C | I | G | D | B | E |
| E | G | D | H | A | B | C | I | F |
| C | B | I | F | E | D | G | H | A |

**41**

| 8 | 1 | 7 | 5 | 2 | 4 | 3 | 6 | 9 |
| 5 | 4 | 2 | 3 | 9 | 6 | 8 | 7 | 1 |
| 9 | 3 | 6 | 8 | 7 | 1 | 5 | 2 | 4 |
| 3 | 6 | 1 | 9 | 4 | 2 | 7 | 5 | 8 |
| 2 | 5 | 4 | 7 | 3 | 8 | 9 | 1 | 6 |
| 7 | 8 | 9 | 1 | 6 | 5 | 4 | 3 | 2 |
| 4 | 2 | 3 | 6 | 8 | 7 | 1 | 9 | 5 |
| 1 | 7 | 8 | 2 | 5 | 9 | 6 | 4 | 3 |
| 6 | 9 | 5 | 4 | 1 | 3 | 2 | 8 | 7 |

**42**

| 2 | 1 | 9 | 7 | 6 | 4 | 8 | 5 | 3 |
| 4 | 7 | 3 | 1 | 8 | 5 | 2 | 9 | 6 |
| 5 | 6 | 8 | 3 | 2 | 9 | 4 | 7 | 1 |
| 1 | 2 | 6 | 8 | 9 | 3 | 5 | 4 | 7 |
| 3 | 4 | 5 | 6 | 7 | 2 | 9 | 1 | 8 |
| 9 | 8 | 7 | 5 | 4 | 1 | 3 | 6 | 2 |
| 8 | 5 | 4 | 2 | 1 | 7 | 6 | 3 | 9 |
| 7 | 9 | 2 | 4 | 3 | 6 | 1 | 8 | 5 |
| 6 | 3 | 1 | 9 | 5 | 8 | 7 | 2 | 4 |

43

| 2 | 1 | 8 | 9 | 4 | 5 | 3 | 7 | 6 |
| 4 | 6 | 9 | 1 | 7 | 3 | 5 | 8 | 2 |
| 3 | 7 | 5 | 6 | 2 | 8 | 9 | 1 | 4 |
| 1 | 2 | 4 | 3 | 6 | 7 | 8 | 9 | 5 |
| 8 | 3 | 7 | 4 | 5 | 9 | 2 | 6 | 1 |
| 5 | 9 | 6 | 2 | 8 | 1 | 7 | 4 | 3 |
| 9 | 4 | 2 | 8 | 3 | 6 | 1 | 5 | 7 |
| 6 | 5 | 1 | 7 | 9 | 2 | 4 | 3 | 8 |
| 7 | 8 | 3 | 5 | 1 | 4 | 6 | 2 | 9 |

44

| 7 | 3 | 1 | 6 | 9 | 8 | 2 | 4 | 5 |
| 8 | 2 | 4 | 3 | 1 | 5 | 7 | 9 | 6 |
| 5 | 6 | 9 | 7 | 4 | 2 | 8 | 3 | 1 |
| 3 | 8 | 7 | 4 | 5 | 6 | 1 | 2 | 9 |
| 4 | 5 | 2 | 1 | 7 | 9 | 3 | 6 | 8 |
| 1 | 9 | 6 | 8 | 2 | 3 | 5 | 7 | 4 |
| 9 | 7 | 3 | 5 | 8 | 4 | 6 | 1 | 2 |
| 6 | 4 | 8 | 2 | 3 | 1 | 9 | 5 | 7 |
| 2 | 1 | 5 | 9 | 6 | 7 | 4 | 8 | 3 |

**45**

| 2 | 4 | 8 | 5 | 6 | 9 | 7 | 3 | 1 |
| 6 | 5 | 7 | 1 | 3 | 2 | 4 | 9 | 8 |
| 9 | 1 | 3 | 7 | 8 | 4 | 5 | 6 | 2 |
| 8 | 7 | 9 | 4 | 5 | 1 | 6 | 2 | 3 |
| 4 | 6 | 1 | 8 | 2 | 3 | 9 | 5 | 7 |
| 5 | 3 | 2 | 9 | 7 | 6 | 1 | 8 | 4 |
| 3 | 9 | 4 | 6 | 1 | 8 | 2 | 7 | 5 |
| 1 | 2 | 5 | 3 | 9 | 7 | 8 | 4 | 6 |
| 7 | 8 | 6 | 2 | 4 | 5 | 3 | 1 | 9 |

**46**

| 8 | 6 | 2 | 9 | 7 | 4 | 5 | 1 | 3 |
| 4 | 5 | 9 | 2 | 3 | 1 | 7 | 6 | 8 |
| 3 | 7 | 1 | 8 | 5 | 6 | 2 | 9 | 4 |
| 9 | 1 | 5 | 6 | 8 | 3 | 4 | 7 | 2 |
| 7 | 3 | 8 | 1 | 4 | 2 | 6 | 5 | 9 |
| 6 | 2 | 4 | 7 | 9 | 5 | 3 | 8 | 1 |
| 5 | 9 | 6 | 4 | 2 | 8 | 1 | 3 | 7 |
| 2 | 8 | 3 | 5 | 1 | 7 | 9 | 4 | 6 |
| 1 | 4 | 7 | 3 | 6 | 9 | 8 | 2 | 5 |

47

| 8 | 1 | 9 | 4 | 6 | 5 | 7 | 3 | 2 |
| 7 | 2 | 4 | 1 | 9 | 3 | 5 | 6 | 8 |
| 3 | 6 | 5 | 7 | 2 | 8 | 4 | 9 | 1 |
| 9 | 3 | 2 | 6 | 7 | 1 | 8 | 5 | 4 |
| 4 | 5 | 8 | 2 | 3 | 9 | 1 | 7 | 6 |
| 6 | 7 | 1 | 8 | 5 | 4 | 3 | 2 | 9 |
| 1 | 9 | 3 | 5 | 4 | 6 | 2 | 8 | 7 |
| 2 | 4 | 6 | 3 | 8 | 7 | 9 | 1 | 5 |
| 5 | 8 | 7 | 9 | 1 | 2 | 6 | 4 | 3 |

48

| 9 | 4 | 5 | 6 | 3 | 7 | 8 | 1 | 2 |
| 8 | 3 | 2 | 5 | 1 | 9 | 6 | 4 | 7 |
| 6 | 1 | 7 | 2 | 4 | 8 | 9 | 3 | 5 |
| 7 | 6 | 4 | 9 | 5 | 3 | 1 | 2 | 8 |
| 1 | 9 | 3 | 7 | 8 | 2 | 4 | 5 | 6 |
| 2 | 5 | 8 | 1 | 6 | 4 | 3 | 7 | 9 |
| 5 | 8 | 9 | 4 | 7 | 1 | 2 | 6 | 3 |
| 3 | 7 | 1 | 8 | 2 | 6 | 5 | 9 | 4 |
| 4 | 2 | 6 | 3 | 9 | 5 | 7 | 8 | 1 |

49

| 1 | 7 | 9 | 2 | 8 | 6 | 4 | 3 | 5 |
| 8 | 3 | 2 | 7 | 4 | 5 | 6 | 1 | 9 |
| 5 | 6 | 4 | 3 | 1 | 9 | 7 | 2 | 8 |
| 3 | 9 | 8 | 5 | 2 | 4 | 1 | 7 | 6 |
| 4 | 1 | 6 | 9 | 3 | 7 | 8 | 5 | 2 |
| 7 | 2 | 5 | 8 | 6 | 1 | 9 | 4 | 3 |
| 2 | 4 | 3 | 1 | 9 | 8 | 5 | 6 | 7 |
| 9 | 5 | 1 | 6 | 7 | 3 | 2 | 8 | 4 |
| 6 | 8 | 7 | 4 | 5 | 2 | 3 | 9 | 1 |

50

| 2 | 1 | 4 | 6 | 5 | 3 | 9 | 8 | 7 |
| 8 | 6 | 9 | 7 | 4 | 2 | 3 | 5 | 1 |
| 5 | 7 | 3 | 8 | 9 | 1 | 6 | 2 | 4 |
| 3 | 4 | 7 | 5 | 8 | 9 | 1 | 6 | 2 |
| 1 | 9 | 8 | 3 | 2 | 6 | 4 | 7 | 5 |
| 6 | 2 | 5 | 4 | 1 | 7 | 8 | 3 | 9 |
| 7 | 8 | 2 | 9 | 3 | 4 | 5 | 1 | 6 |
| 4 | 5 | 6 | 1 | 7 | 8 | 2 | 9 | 3 |
| 9 | 3 | 1 | 2 | 6 | 5 | 7 | 4 | 8 |

51

| 9 | 5 | 4 | 2 | 3 | 1 | 7 | 8 | 6 |
| 1 | 7 | 3 | 4 | 6 | 8 | 9 | 2 | 5 |
| 8 | 6 | 2 | 9 | 5 | 7 | 4 | 3 | 1 |
| 6 | 9 | 1 | 8 | 7 | 5 | 3 | 4 | 2 |
| 2 | 3 | 5 | 6 | 9 | 4 | 8 | 1 | 7 |
| 7 | 4 | 8 | 3 | 1 | 2 | 6 | 5 | 9 |
| 3 | 1 | 7 | 5 | 4 | 6 | 2 | 9 | 8 |
| 4 | 8 | 6 | 1 | 2 | 9 | 5 | 7 | 3 |
| 5 | 2 | 9 | 7 | 8 | 3 | 1 | 6 | 4 |

52

| 4 | 2 | 1 | 6 | 9 | 3 | 8 | 7 | 5 |
| 7 | 6 | 8 | 2 | 4 | 5 | 3 | 9 | 1 |
| 9 | 3 | 5 | 8 | 7 | 1 | 4 | 2 | 6 |
| 8 | 4 | 2 | 1 | 6 | 7 | 5 | 3 | 9 |
| 3 | 5 | 9 | 4 | 2 | 8 | 6 | 1 | 7 |
| 1 | 7 | 6 | 5 | 3 | 9 | 2 | 8 | 4 |
| 6 | 9 | 7 | 3 | 8 | 4 | 1 | 5 | 2 |
| 5 | 8 | 4 | 7 | 1 | 2 | 9 | 6 | 3 |
| 2 | 1 | 3 | 9 | 5 | 6 | 7 | 4 | 8 |

**53**

| 1 | 2 | 8 | 9 | 7 | 6 | 4 | 3 | 5 |
|---|---|---|---|---|---|---|---|---|
| 9 | 7 | 5 | 8 | 4 | 3 | 1 | 2 | 6 |
| 4 | 3 | 6 | 5 | 1 | 2 | 7 | 9 | 8 |
| 3 | 1 | 9 | 2 | 6 | 8 | 5 | 7 | 4 |
| 2 | 5 | 4 | 7 | 9 | 1 | 6 | 8 | 3 |
| 8 | 6 | 7 | 3 | 5 | 4 | 2 | 1 | 9 |
| 6 | 4 | 2 | 1 | 3 | 9 | 8 | 5 | 7 |
| 7 | 9 | 1 | 6 | 8 | 5 | 3 | 4 | 2 |
| 5 | 8 | 3 | 4 | 2 | 7 | 9 | 6 | 1 |

**54**

| 5 | 6 | 2 | 9 | 4 | 7 | 1 | 3 | 8 |
|---|---|---|---|---|---|---|---|---|
| 9 | 7 | 3 | 8 | 5 | 1 | 6 | 2 | 4 |
| 8 | 4 | 1 | 6 | 2 | 3 | 7 | 9 | 5 |
| 6 | 8 | 4 | 5 | 1 | 9 | 2 | 7 | 3 |
| 1 | 3 | 7 | 4 | 8 | 2 | 9 | 5 | 6 |
| 2 | 9 | 5 | 3 | 7 | 6 | 8 | 4 | 1 |
| 3 | 1 | 9 | 7 | 6 | 5 | 4 | 8 | 2 |
| 4 | 5 | 6 | 2 | 9 | 8 | 3 | 1 | 7 |
| 7 | 2 | 8 | 1 | 3 | 4 | 5 | 6 | 9 |

**55**

| 4 | 8 | 3 | 2 | 1 | 6 | 5 | 9 | 7 |
| 9 | 1 | 6 | 7 | 5 | 8 | 4 | 2 | 3 |
| 7 | 5 | 2 | 9 | 4 | 3 | 6 | 8 | 1 |
| 6 | 4 | 5 | 3 | 7 | 9 | 8 | 1 | 2 |
| 8 | 3 | 9 | 5 | 2 | 1 | 7 | 6 | 4 |
| 1 | 2 | 7 | 8 | 6 | 4 | 9 | 3 | 5 |
| 2 | 6 | 8 | 4 | 3 | 5 | 1 | 7 | 9 |
| 3 | 9 | 4 | 1 | 8 | 7 | 2 | 5 | 6 |
| 5 | 7 | 1 | 6 | 9 | 2 | 3 | 4 | 8 |

**56**

| 1 | 4 | 7 | 2 | 6 | 3 | 5 | 8 | 9 |
| 8 | 5 | 6 | 9 | 4 | 1 | 2 | 3 | 7 |
| 9 | 2 | 3 | 7 | 5 | 8 | 4 | 6 | 1 |
| 6 | 7 | 2 | 1 | 9 | 5 | 8 | 4 | 3 |
| 5 | 3 | 9 | 6 | 8 | 4 | 1 | 7 | 2 |
| 4 | 1 | 8 | 3 | 2 | 7 | 6 | 9 | 5 |
| 3 | 9 | 4 | 8 | 1 | 2 | 7 | 5 | 6 |
| 7 | 8 | 1 | 5 | 3 | 6 | 9 | 2 | 4 |
| 2 | 6 | 5 | 4 | 7 | 9 | 3 | 1 | 8 |

**57**

| 6 | 4 | 9 | 7 | 3 | 2 | 1 | 8 | 5 |
|---|---|---|---|---|---|---|---|---|
| 7 | 5 | 2 | 6 | 1 | 8 | 3 | 4 | 9 |
| 3 | 1 | 8 | 4 | 5 | 9 | 2 | 7 | 6 |
| 8 | 3 | 5 | 2 | 6 | 1 | 4 | 9 | 7 |
| 9 | 7 | 6 | 8 | 4 | 3 | 5 | 2 | 1 |
| 4 | 2 | 1 | 5 | 9 | 7 | 8 | 6 | 3 |
| 1 | 8 | 3 | 9 | 2 | 6 | 7 | 5 | 4 |
| 2 | 6 | 4 | 3 | 7 | 5 | 9 | 1 | 8 |
| 5 | 9 | 7 | 1 | 8 | 4 | 6 | 3 | 2 |

**58**

| 2 | 9 | 8 | 5 | 4 | 6 | 3 | 1 | 7 |
|---|---|---|---|---|---|---|---|---|
| 5 | 6 | 4 | 7 | 1 | 3 | 2 | 9 | 8 |
| 1 | 7 | 3 | 8 | 9 | 2 | 4 | 6 | 5 |
| 6 | 2 | 1 | 4 | 5 | 9 | 8 | 7 | 3 |
| 9 | 3 | 5 | 2 | 8 | 7 | 1 | 4 | 6 |
| 4 | 8 | 7 | 3 | 6 | 1 | 9 | 5 | 2 |
| 7 | 5 | 2 | 1 | 3 | 4 | 6 | 8 | 9 |
| 8 | 1 | 9 | 6 | 2 | 5 | 7 | 3 | 4 |
| 3 | 4 | 6 | 9 | 7 | 8 | 5 | 2 | 1 |

59

| 8 | 3 | 1 | 6 | 5 | 9 | 7 | 4 | 2 |
|---|---|---|---|---|---|---|---|---|
| 2 | 6 | 9 | 4 | 7 | 1 | 3 | 5 | 8 |
| 4 | 5 | 7 | 3 | 8 | 2 | 6 | 9 | 1 |
| 6 | 2 | 5 | 1 | 9 | 4 | 8 | 7 | 3 |
| 7 | 8 | 4 | 5 | 6 | 3 | 2 | 1 | 9 |
| 9 | 1 | 3 | 8 | 2 | 7 | 5 | 6 | 4 |
| 3 | 7 | 6 | 9 | 1 | 8 | 4 | 2 | 5 |
| 5 | 9 | 8 | 2 | 4 | 6 | 1 | 3 | 7 |
| 1 | 4 | 2 | 7 | 3 | 5 | 9 | 8 | 6 |

60

| 3 | 1 | 4 | 2 | 9 | 6 | 8 | 5 | 7 |
|---|---|---|---|---|---|---|---|---|
| 6 | 8 | 9 | 5 | 3 | 7 | 4 | 2 | 1 |
| 5 | 2 | 7 | 8 | 1 | 4 | 9 | 3 | 6 |
| 1 | 9 | 8 | 7 | 2 | 5 | 6 | 4 | 3 |
| 4 | 3 | 2 | 6 | 8 | 9 | 7 | 1 | 5 |
| 7 | 6 | 5 | 3 | 4 | 1 | 2 | 8 | 9 |
| 8 | 7 | 3 | 9 | 5 | 2 | 1 | 6 | 4 |
| 2 | 4 | 6 | 1 | 7 | 3 | 5 | 9 | 8 |
| 9 | 5 | 1 | 4 | 6 | 8 | 3 | 7 | 2 |

**61**

| 8 | 2 | 4 | 7 | 5 | 1 | 9 | 6 | 3 |
| 6 | 9 | 7 | 2 | 8 | 3 | 1 | 5 | 4 |
| 5 | 1 | 3 | 6 | 9 | 4 | 8 | 2 | 7 |
| 4 | 8 | 1 | 5 | 3 | 2 | 6 | 7 | 9 |
| 7 | 5 | 6 | 1 | 4 | 9 | 3 | 8 | 2 |
| 2 | 3 | 9 | 8 | 6 | 7 | 5 | 4 | 1 |
| 9 | 7 | 5 | 3 | 2 | 6 | 4 | 1 | 8 |
| 1 | 4 | 8 | 9 | 7 | 5 | 2 | 3 | 6 |
| 3 | 6 | 2 | 4 | 1 | 8 | 7 | 9 | 5 |

**62**

| 4 | 1 | 8 | 5 | 9 | 2 | 6 | 3 | 7 |
| 5 | 3 | 7 | 1 | 6 | 4 | 8 | 9 | 2 |
| 6 | 9 | 2 | 7 | 3 | 8 | 1 | 4 | 5 |
| 1 | 5 | 6 | 8 | 4 | 7 | 3 | 2 | 9 |
| 2 | 7 | 4 | 9 | 1 | 3 | 5 | 6 | 8 |
| 9 | 8 | 3 | 2 | 5 | 6 | 4 | 7 | 1 |
| 7 | 6 | 9 | 4 | 8 | 5 | 2 | 1 | 3 |
| 3 | 2 | 5 | 6 | 7 | 1 | 9 | 8 | 4 |
| 8 | 4 | 1 | 3 | 2 | 9 | 7 | 5 | 6 |

**63**

| 8 | 2 | 3 | 1 | 5 | 9 | 6 | 7 | 4 |
| 7 | 1 | 4 | 2 | 3 | 6 | 8 | 9 | 5 |
| 9 | 5 | 6 | 7 | 8 | 4 | 3 | 1 | 2 |
| 3 | 7 | 5 | 6 | 1 | 2 | 9 | 4 | 8 |
| 1 | 6 | 9 | 5 | 4 | 8 | 7 | 2 | 3 |
| 2 | 4 | 8 | 3 | 9 | 7 | 1 | 5 | 6 |
| 6 | 8 | 7 | 4 | 2 | 1 | 5 | 3 | 9 |
| 5 | 9 | 2 | 8 | 7 | 3 | 4 | 6 | 1 |
| 4 | 3 | 1 | 9 | 6 | 5 | 2 | 8 | 7 |

**64**

| 5 | 6 | 4 | 1 | 7 | 8 | 2 | 3 | 9 |
| 8 | 2 | 3 | 5 | 9 | 4 | 7 | 1 | 6 |
| 1 | 7 | 9 | 3 | 6 | 2 | 5 | 4 | 8 |
| 6 | 9 | 7 | 2 | 1 | 5 | 4 | 8 | 3 |
| 4 | 8 | 5 | 7 | 3 | 6 | 1 | 9 | 2 |
| 2 | 3 | 1 | 4 | 8 | 9 | 6 | 5 | 7 |
| 9 | 4 | 2 | 8 | 5 | 7 | 3 | 6 | 1 |
| 7 | 1 | 8 | 6 | 4 | 3 | 9 | 2 | 5 |
| 3 | 5 | 6 | 9 | 2 | 1 | 8 | 7 | 4 |

65

| 9 | 1 | 6 | 2 | 3 | 8 | 5 | 4 | 7 |
| 2 | 4 | 5 | 7 | 1 | 6 | 9 | 8 | 3 |
| 8 | 7 | 3 | 9 | 4 | 5 | 2 | 6 | 1 |
| 5 | 8 | 9 | 4 | 7 | 2 | 1 | 3 | 6 |
| 3 | 6 | 7 | 5 | 9 | 1 | 8 | 2 | 4 |
| 4 | 2 | 1 | 8 | 6 | 3 | 7 | 9 | 5 |
| 7 | 9 | 8 | 6 | 5 | 4 | 3 | 1 | 2 |
| 6 | 3 | 2 | 1 | 8 | 7 | 4 | 5 | 9 |
| 1 | 5 | 4 | 3 | 2 | 9 | 6 | 7 | 8 |

66

| 3 | 1 | 6 | 4 | 8 | 7 | 9 | 2 | 5 |
| 2 | 5 | 8 | 6 | 1 | 9 | 7 | 4 | 3 |
| 4 | 7 | 9 | 5 | 2 | 3 | 8 | 1 | 6 |
| 6 | 4 | 3 | 9 | 5 | 1 | 2 | 7 | 8 |
| 9 | 8 | 1 | 3 | 7 | 2 | 5 | 6 | 4 |
| 5 | 2 | 7 | 8 | 4 | 6 | 1 | 3 | 9 |
| 1 | 3 | 5 | 7 | 9 | 4 | 6 | 8 | 2 |
| 8 | 6 | 2 | 1 | 3 | 5 | 4 | 9 | 7 |
| 7 | 9 | 4 | 2 | 6 | 8 | 3 | 5 | 1 |

67

| 4 | 9 | 8 | 2 | 1 | 6 | 3 | 7 | 5 |
| 3 | 2 | 1 | 9 | 5 | 7 | 4 | 8 | 6 |
| 6 | 7 | 5 | 8 | 3 | 4 | 9 | 2 | 1 |
| 9 | 5 | 6 | 3 | 4 | 2 | 8 | 1 | 7 |
| 1 | 8 | 3 | 5 | 7 | 9 | 2 | 6 | 4 |
| 2 | 4 | 7 | 1 | 6 | 8 | 5 | 9 | 3 |
| 7 | 6 | 9 | 4 | 8 | 5 | 1 | 3 | 2 |
| 5 | 3 | 2 | 6 | 9 | 1 | 7 | 4 | 8 |
| 8 | 1 | 4 | 7 | 2 | 3 | 6 | 5 | 9 |

68

| 3 | 2 | 7 | 8 | 9 | 5 | 6 | 1 | 4 |
| 8 | 6 | 9 | 7 | 1 | 4 | 2 | 5 | 3 |
| 4 | 1 | 5 | 3 | 2 | 6 | 8 | 9 | 7 |
| 1 | 9 | 8 | 5 | 7 | 2 | 3 | 4 | 6 |
| 2 | 5 | 6 | 4 | 3 | 1 | 7 | 8 | 9 |
| 7 | 3 | 4 | 9 | 6 | 8 | 1 | 2 | 5 |
| 6 | 8 | 3 | 1 | 4 | 9 | 5 | 7 | 2 |
| 9 | 7 | 1 | 2 | 5 | 3 | 4 | 6 | 8 |
| 5 | 4 | 2 | 6 | 8 | 7 | 9 | 3 | 1 |

**69**

| 6 | 8 | 4 | 2 | 5 | 3 | 7 | 9 | 1 |
|---|---|---|---|---|---|---|---|---|
| 7 | 9 | 5 | 8 | 1 | 4 | 6 | 3 | 2 |
| 3 | 1 | 2 | 6 | 9 | 7 | 5 | 8 | 4 |
| 4 | 6 | 9 | 5 | 3 | 8 | 2 | 1 | 7 |
| 2 | 7 | 8 | 4 | 6 | 1 | 9 | 5 | 3 |
| 5 | 3 | 1 | 9 | 7 | 2 | 8 | 4 | 6 |
| 9 | 4 | 3 | 7 | 8 | 6 | 1 | 2 | 5 |
| 8 | 2 | 6 | 1 | 4 | 5 | 3 | 7 | 9 |
| 1 | 5 | 7 | 3 | 2 | 9 | 4 | 6 | 8 |

**70**

| 2 | 8 | 7 | 9 | 6 | 5 | 3 | 1 | 4 |
|---|---|---|---|---|---|---|---|---|
| 9 | 3 | 1 | 2 | 4 | 7 | 8 | 5 | 6 |
| 6 | 5 | 4 | 3 | 8 | 1 | 2 | 9 | 7 |
| 1 | 6 | 9 | 5 | 7 | 2 | 4 | 3 | 8 |
| 3 | 7 | 2 | 8 | 9 | 4 | 5 | 6 | 1 |
| 8 | 4 | 5 | 6 | 1 | 3 | 9 | 7 | 2 |
| 5 | 9 | 8 | 7 | 2 | 6 | 1 | 4 | 3 |
| 4 | 2 | 6 | 1 | 3 | 9 | 7 | 8 | 5 |
| 7 | 1 | 3 | 4 | 5 | 8 | 6 | 2 | 9 |

71

| 7 | 6 | 3 | 4 | 8 | 5 | 2 | 9 | 1 |
| 4 | 8 | 1 | 2 | 9 | 7 | 6 | 5 | 3 |
| 2 | 5 | 9 | 6 | 3 | 1 | 8 | 4 | 7 |
| 3 | 2 | 7 | 1 | 6 | 9 | 5 | 8 | 4 |
| 5 | 9 | 4 | 7 | 2 | 8 | 1 | 3 | 6 |
| 6 | 1 | 8 | 5 | 4 | 3 | 9 | 7 | 2 |
| 8 | 7 | 5 | 3 | 1 | 6 | 4 | 2 | 9 |
| 1 | 3 | 2 | 9 | 5 | 4 | 7 | 6 | 8 |
| 9 | 4 | 6 | 8 | 7 | 2 | 3 | 1 | 5 |

72

| 3 | 7 | 1 | 2 | 8 | 6 | 5 | 9 | 4 |
| 5 | 8 | 2 | 9 | 4 | 7 | 3 | 6 | 1 |
| 4 | 9 | 6 | 3 | 1 | 5 | 7 | 8 | 2 |
| 7 | 1 | 4 | 6 | 9 | 2 | 8 | 5 | 3 |
| 9 | 2 | 8 | 4 | 5 | 3 | 6 | 1 | 7 |
| 6 | 5 | 3 | 8 | 7 | 1 | 2 | 4 | 9 |
| 2 | 3 | 9 | 5 | 6 | 4 | 1 | 7 | 8 |
| 8 | 6 | 7 | 1 | 3 | 9 | 4 | 2 | 5 |
| 1 | 4 | 5 | 7 | 2 | 8 | 9 | 3 | 6 |

**73**

| 9 | 5 | 8 | 2 | 7 | 6 | 3 | 4 | 1 |
|---|---|---|---|---|---|---|---|---|
| 1 | 4 | 7 | 5 | 8 | 3 | 9 | 6 | 2 |
| 6 | 3 | 2 | 9 | 1 | 4 | 8 | 7 | 5 |
| 3 | 7 | 9 | 4 | 2 | 5 | 6 | 1 | 8 |
| 5 | 6 | 1 | 3 | 9 | 8 | 7 | 2 | 4 |
| 8 | 2 | 4 | 1 | 6 | 7 | 5 | 3 | 9 |
| 4 | 9 | 3 | 6 | 5 | 2 | 1 | 8 | 7 |
| 7 | 1 | 6 | 8 | 4 | 9 | 2 | 5 | 3 |
| 2 | 8 | 5 | 7 | 3 | 1 | 4 | 9 | 6 |

**74**

| 8 | 3 | 4 | 1 | 5 | 9 | 6 | 2 | 7 |
|---|---|---|---|---|---|---|---|---|
| 2 | 1 | 6 | 4 | 8 | 7 | 5 | 3 | 9 |
| 5 | 7 | 9 | 2 | 6 | 3 | 4 | 8 | 1 |
| 9 | 6 | 3 | 7 | 4 | 2 | 8 | 1 | 5 |
| 1 | 2 | 5 | 8 | 9 | 6 | 7 | 4 | 3 |
| 7 | 4 | 8 | 5 | 3 | 1 | 2 | 9 | 6 |
| 4 | 5 | 7 | 9 | 1 | 8 | 3 | 6 | 2 |
| 3 | 8 | 1 | 6 | 2 | 5 | 9 | 7 | 4 |
| 6 | 9 | 2 | 3 | 7 | 4 | 1 | 5 | 8 |

75

| 8 | 6 | 2 | 5 | 7 | 4 | 1 | 3 | 9 |
| 1 | 3 | 4 | 8 | 6 | 9 | 5 | 7 | 2 |
| 5 | 7 | 9 | 3 | 1 | 2 | 6 | 8 | 4 |
| 7 | 9 | 3 | 6 | 8 | 5 | 2 | 4 | 1 |
| 4 | 5 | 1 | 2 | 9 | 7 | 3 | 6 | 8 |
| 6 | 2 | 8 | 1 | 4 | 3 | 7 | 9 | 5 |
| 3 | 8 | 5 | 4 | 2 | 6 | 9 | 1 | 7 |
| 2 | 4 | 7 | 9 | 3 | 1 | 8 | 5 | 6 |
| 9 | 1 | 6 | 7 | 5 | 8 | 4 | 2 | 3 |

76

| 5 | 3 | 8 | 6 | 4 | 1 | 9 | 2 | 7 |
| 2 | 1 | 7 | 8 | 5 | 9 | 4 | 3 | 6 |
| 4 | 6 | 9 | 7 | 3 | 2 | 8 | 1 | 5 |
| 8 | 5 | 1 | 4 | 7 | 6 | 2 | 9 | 3 |
| 6 | 9 | 2 | 1 | 8 | 3 | 5 | 7 | 4 |
| 3 | 7 | 4 | 9 | 2 | 5 | 1 | 6 | 8 |
| 1 | 8 | 3 | 5 | 9 | 7 | 6 | 4 | 2 |
| 7 | 4 | 6 | 2 | 1 | 8 | 3 | 5 | 9 |
| 9 | 2 | 5 | 3 | 6 | 4 | 7 | 8 | 1 |

**77**

| 1 | 8 | 6 | 2 | 5 | 4 | 3 | 9 | 7 |
| 2 | 4 | 7 | 3 | 8 | 9 | 1 | 5 | 6 |
| 3 | 9 | 5 | 1 | 6 | 7 | 2 | 8 | 4 |
| 8 | 6 | 9 | 4 | 3 | 5 | 7 | 1 | 2 |
| 7 | 5 | 1 | 9 | 2 | 6 | 8 | 4 | 3 |
| 4 | 2 | 3 | 8 | 7 | 1 | 5 | 6 | 9 |
| 9 | 3 | 8 | 6 | 1 | 2 | 4 | 7 | 5 |
| 6 | 7 | 2 | 5 | 4 | 8 | 9 | 3 | 1 |
| 5 | 1 | 4 | 7 | 9 | 3 | 6 | 2 | 8 |

**78**

| 5 | 6 | 2 | 4 | 9 | 1 | 7 | 3 | 8 |
| 1 | 4 | 3 | 5 | 8 | 7 | 2 | 6 | 9 |
| 9 | 8 | 7 | 3 | 2 | 6 | 4 | 5 | 1 |
| 8 | 2 | 4 | 6 | 5 | 3 | 1 | 9 | 7 |
| 7 | 5 | 9 | 8 | 1 | 2 | 3 | 4 | 6 |
| 3 | 1 | 6 | 9 | 7 | 4 | 8 | 2 | 5 |
| 6 | 9 | 1 | 2 | 4 | 8 | 5 | 7 | 3 |
| 4 | 3 | 8 | 7 | 6 | 5 | 9 | 1 | 2 |
| 2 | 7 | 5 | 1 | 3 | 9 | 6 | 8 | 4 |

79

| 7 | 1 | 4 | 2 | 9 | 6 | 8 | 3 | 5 |
| 2 | 6 | 8 | 3 | 4 | 5 | 7 | 9 | 1 |
| 9 | 5 | 3 | 1 | 8 | 7 | 6 | 2 | 4 |
| 3 | 7 | 1 | 8 | 6 | 4 | 9 | 5 | 2 |
| 6 | 2 | 9 | 5 | 7 | 1 | 4 | 8 | 3 |
| 8 | 4 | 5 | 9 | 3 | 2 | 1 | 6 | 7 |
| 5 | 3 | 7 | 6 | 1 | 8 | 2 | 4 | 9 |
| 1 | 9 | 6 | 4 | 2 | 3 | 5 | 7 | 8 |
| 4 | 8 | 2 | 7 | 5 | 9 | 3 | 1 | 6 |

80

| 4 | 6 | 3 | 9 | 1 | 7 | 8 | 2 | 5 |
| 7 | 5 | 1 | 3 | 8 | 2 | 6 | 4 | 9 |
| 2 | 8 | 9 | 4 | 5 | 6 | 7 | 1 | 3 |
| 9 | 4 | 2 | 8 | 6 | 5 | 1 | 3 | 7 |
| 3 | 7 | 5 | 2 | 4 | 1 | 9 | 8 | 6 |
| 6 | 1 | 8 | 7 | 9 | 3 | 4 | 5 | 2 |
| 1 | 3 | 4 | 6 | 2 | 9 | 5 | 7 | 8 |
| 8 | 9 | 7 | 5 | 3 | 4 | 2 | 6 | 1 |
| 5 | 2 | 6 | 1 | 7 | 8 | 3 | 9 | 4 |

81

| 9 | 2 | 3 | 8 | 6 | 1 | 5 | 7 | 4 |
|---|---|---|---|---|---|---|---|---|
| 4 | 6 | 8 | 9 | 7 | 5 | 2 | 3 | 1 |
| 7 | 1 | 5 | 2 | 4 | 3 | 8 | 6 | 9 |
| 5 | 7 | 2 | 3 | 9 | 4 | 1 | 8 | 6 |
| 8 | 9 | 4 | 7 | 1 | 6 | 3 | 5 | 2 |
| 6 | 3 | 1 | 5 | 2 | 8 | 4 | 9 | 7 |
| 2 | 8 | 9 | 4 | 3 | 7 | 6 | 1 | 5 |
| 3 | 4 | 6 | 1 | 5 | 9 | 7 | 2 | 8 |
| 1 | 5 | 7 | 6 | 8 | 2 | 9 | 4 | 3 |

82

| 7 | 5 | 4 | 6 | 2 | 3 | 1 | 8 | 9 |
|---|---|---|---|---|---|---|---|---|
| 8 | 2 | 3 | 5 | 9 | 1 | 6 | 4 | 7 |
| 9 | 1 | 6 | 7 | 4 | 8 | 5 | 2 | 3 |
| 1 | 3 | 9 | 2 | 8 | 6 | 4 | 7 | 5 |
| 6 | 8 | 2 | 4 | 7 | 5 | 3 | 9 | 1 |
| 4 | 7 | 5 | 1 | 3 | 9 | 8 | 6 | 2 |
| 3 | 6 | 7 | 8 | 1 | 2 | 9 | 5 | 4 |
| 5 | 4 | 1 | 9 | 6 | 7 | 2 | 3 | 8 |
| 2 | 9 | 8 | 3 | 5 | 4 | 7 | 1 | 6 |

**83**

| 6 | 1 | 2 | 8 | 4 | 9 | 3 | 5 | 7 |
| 7 | 9 | 3 | 2 | 5 | 1 | 4 | 6 | 8 |
| 8 | 4 | 5 | 7 | 6 | 3 | 2 | 9 | 1 |
| 1 | 8 | 9 | 5 | 3 | 4 | 6 | 7 | 2 |
| 2 | 5 | 7 | 9 | 8 | 6 | 1 | 3 | 4 |
| 3 | 6 | 4 | 1 | 7 | 2 | 5 | 8 | 9 |
| 4 | 3 | 8 | 6 | 1 | 7 | 9 | 2 | 5 |
| 5 | 2 | 1 | 3 | 9 | 8 | 7 | 4 | 6 |
| 9 | 7 | 6 | 4 | 2 | 5 | 8 | 1 | 3 |

**84**

| 2 | 1 | 3 | 5 | 4 | 8 | 9 | 6 | 7 |
| 7 | 8 | 4 | 2 | 6 | 9 | 5 | 1 | 3 |
| 5 | 9 | 6 | 3 | 1 | 7 | 2 | 8 | 4 |
| 9 | 7 | 2 | 1 | 5 | 3 | 6 | 4 | 8 |
| 1 | 4 | 5 | 6 | 8 | 2 | 7 | 3 | 9 |
| 6 | 3 | 8 | 7 | 9 | 4 | 1 | 5 | 2 |
| 4 | 6 | 7 | 9 | 3 | 1 | 8 | 2 | 5 |
| 8 | 2 | 1 | 4 | 7 | 5 | 3 | 9 | 6 |
| 3 | 5 | 9 | 8 | 2 | 6 | 4 | 7 | 1 |

**85**

| 7 | 2 | 3 | 6 | 1 | 4 | 9 | 5 | 8 |
|---|---|---|---|---|---|---|---|---|
| 1 | 6 | 4 | 8 | 9 | 5 | 2 | 3 | 7 |
| 9 | 8 | 5 | 3 | 2 | 7 | 4 | 6 | 1 |
| 8 | 3 | 9 | 2 | 6 | 1 | 5 | 7 | 4 |
| 6 | 4 | 2 | 5 | 7 | 8 | 3 | 1 | 9 |
| 5 | 7 | 1 | 4 | 3 | 9 | 6 | 8 | 2 |
| 4 | 5 | 7 | 9 | 8 | 6 | 1 | 2 | 3 |
| 3 | 1 | 6 | 7 | 4 | 2 | 8 | 9 | 5 |
| 2 | 9 | 8 | 1 | 5 | 3 | 7 | 4 | 6 |

**86**

| 7 | 1 | 6 | 9 | 8 | 3 | 5 | 2 | 4 |
|---|---|---|---|---|---|---|---|---|
| 8 | 5 | 9 | 1 | 4 | 2 | 6 | 7 | 3 |
| 4 | 3 | 2 | 7 | 5 | 6 | 8 | 9 | 1 |
| 2 | 6 | 1 | 4 | 9 | 8 | 7 | 3 | 5 |
| 5 | 4 | 7 | 6 | 3 | 1 | 2 | 8 | 9 |
| 3 | 9 | 8 | 2 | 7 | 5 | 4 | 1 | 6 |
| 9 | 7 | 3 | 8 | 6 | 4 | 1 | 5 | 2 |
| 1 | 8 | 4 | 5 | 2 | 9 | 3 | 6 | 7 |
| 6 | 2 | 5 | 3 | 1 | 7 | 9 | 4 | 8 |

87

| 5 | 1 | 2 | 6 | 8 | 3 | 4 | 7 | 9 |
| 8 | 6 | 7 | 2 | 4 | 9 | 3 | 5 | 1 |
| 4 | 9 | 3 | 7 | 1 | 5 | 2 | 8 | 6 |
| 1 | 7 | 8 | 3 | 9 | 6 | 5 | 4 | 2 |
| 9 | 5 | 4 | 1 | 2 | 7 | 8 | 6 | 3 |
| 2 | 3 | 6 | 4 | 5 | 8 | 1 | 9 | 7 |
| 6 | 4 | 5 | 9 | 3 | 2 | 7 | 1 | 8 |
| 7 | 2 | 1 | 8 | 6 | 4 | 9 | 3 | 5 |
| 3 | 8 | 9 | 5 | 7 | 1 | 6 | 2 | 4 |

88

| 4 | 7 | 9 | 6 | 8 | 5 | 2 | 1 | 3 |
| 5 | 6 | 3 | 2 | 9 | 1 | 8 | 7 | 4 |
| 2 | 1 | 8 | 7 | 3 | 4 | 9 | 5 | 6 |
| 6 | 8 | 4 | 9 | 2 | 7 | 5 | 3 | 1 |
| 7 | 2 | 1 | 8 | 5 | 3 | 6 | 4 | 9 |
| 3 | 9 | 5 | 4 | 1 | 6 | 7 | 8 | 2 |
| 9 | 5 | 2 | 1 | 4 | 8 | 3 | 6 | 7 |
| 8 | 4 | 7 | 3 | 6 | 9 | 1 | 2 | 5 |
| 1 | 3 | 6 | 5 | 7 | 2 | 4 | 9 | 8 |

| 8 | 6 | 2 | 5 | 7 | 3 | 1 | 4 | 9 |
|---|---|---|---|---|---|---|---|---|
| 9 | 4 | 7 | 2 | 6 | 1 | 5 | 3 | 8 |
| 3 | 5 | 1 | 4 | 8 | 9 | 2 | 6 | 7 |
| 1 | 7 | 6 | 8 | 2 | 4 | 9 | 5 | 3 |
| 4 | 9 | 5 | 7 | 3 | 6 | 8 | 2 | 1 |
| 2 | 8 | 3 | 1 | 9 | 5 | 4 | 7 | 6 |
| 7 | 2 | 9 | 6 | 5 | 8 | 3 | 1 | 4 |
| 5 | 1 | 8 | 3 | 4 | 7 | 6 | 9 | 2 |
| 6 | 3 | 4 | 9 | 1 | 2 | 7 | 8 | 5 |

| 8 | 2 | 7 | 4 | 3 | 6 | 1 | 9 | 5 |
|---|---|---|---|---|---|---|---|---|
| 3 | 4 | 5 | 8 | 1 | 9 | 7 | 6 | 2 |
| 9 | 1 | 6 | 7 | 2 | 5 | 8 | 4 | 3 |
| 5 | 9 | 2 | 3 | 7 | 1 | 6 | 8 | 4 |
| 1 | 6 | 8 | 2 | 5 | 4 | 3 | 7 | 9 |
| 4 | 7 | 3 | 6 | 9 | 8 | 5 | 2 | 1 |
| 7 | 3 | 9 | 5 | 8 | 2 | 4 | 1 | 6 |
| 6 | 5 | 1 | 9 | 4 | 7 | 2 | 3 | 8 |
| 2 | 8 | 4 | 1 | 6 | 3 | 9 | 5 | 7 |

91

| 7 | 6 | 2 | 5 | 4 | 9 | 8 | 1 | 3 |
| 1 | 5 | 9 | 7 | 3 | 8 | 2 | 6 | 4 |
| 8 | 3 | 4 | 1 | 6 | 2 | 9 | 5 | 7 |
| 4 | 2 | 1 | 9 | 7 | 3 | 5 | 8 | 6 |
| 5 | 9 | 3 | 6 | 8 | 1 | 7 | 4 | 2 |
| 6 | 8 | 7 | 4 | 2 | 5 | 3 | 9 | 1 |
| 9 | 4 | 8 | 2 | 1 | 7 | 6 | 3 | 5 |
| 2 | 1 | 5 | 3 | 9 | 6 | 4 | 7 | 8 |
| 3 | 7 | 6 | 8 | 5 | 4 | 1 | 2 | 9 |

92

| 2 | 6 | 8 | 1 | 9 | 5 | 4 | 7 | 3 |
| 7 | 3 | 4 | 8 | 2 | 6 | 5 | 1 | 9 |
| 5 | 1 | 9 | 3 | 4 | 7 | 2 | 8 | 6 |
| 4 | 8 | 1 | 5 | 6 | 9 | 7 | 3 | 2 |
| 9 | 7 | 2 | 4 | 1 | 3 | 6 | 5 | 8 |
| 3 | 5 | 6 | 2 | 7 | 8 | 1 | 9 | 4 |
| 6 | 4 | 7 | 9 | 3 | 1 | 8 | 2 | 5 |
| 8 | 2 | 3 | 7 | 5 | 4 | 9 | 6 | 1 |
| 1 | 9 | 5 | 6 | 8 | 2 | 3 | 4 | 7 |

| 9 | 2 | 7 | 5 | 6 | 3 | 4 | 8 | 1 |
|---|---|---|---|---|---|---|---|---|
| 1 | 8 | 3 | 2 | 4 | 9 | 7 | 6 | 5 |
| 4 | 5 | 6 | 7 | 8 | 1 | 3 | 9 | 2 |
| 6 | 3 | 5 | 1 | 2 | 8 | 9 | 7 | 4 |
| 7 | 4 | 9 | 6 | 3 | 5 | 2 | 1 | 8 |
| 2 | 1 | 8 | 9 | 7 | 4 | 5 | 3 | 6 |
| 8 | 6 | 4 | 3 | 5 | 7 | 1 | 2 | 9 |
| 5 | 7 | 1 | 8 | 9 | 2 | 6 | 4 | 3 |
| 3 | 9 | 2 | 4 | 1 | 6 | 8 | 5 | 7 |

| 7 | 3 | 1 | 2 | 9 | 4 | 5 | 6 | 8 |
|---|---|---|---|---|---|---|---|---|
| 9 | 2 | 6 | 1 | 5 | 8 | 4 | 3 | 7 |
| 8 | 5 | 4 | 6 | 7 | 3 | 2 | 1 | 9 |
| 1 | 7 | 2 | 3 | 6 | 9 | 8 | 5 | 4 |
| 5 | 4 | 8 | 7 | 1 | 2 | 6 | 9 | 3 |
| 3 | 6 | 9 | 8 | 4 | 5 | 7 | 2 | 1 |
| 4 | 1 | 5 | 9 | 2 | 7 | 3 | 8 | 6 |
| 6 | 8 | 7 | 5 | 3 | 1 | 9 | 4 | 2 |
| 2 | 9 | 3 | 4 | 8 | 6 | 1 | 7 | 5 |

| 6 | 9 | 7 | 4 | 3 | 5 | 8 | 1 | 2 |
| 5 | 3 | 1 | 7 | 8 | 2 | 4 | 9 | 6 |
| 8 | 2 | 4 | 1 | 6 | 9 | 3 | 7 | 5 |
| 9 | 8 | 3 | 5 | 1 | 4 | 2 | 6 | 7 |
| 4 | 7 | 5 | 9 | 2 | 6 | 1 | 8 | 3 |
| 2 | 1 | 6 | 3 | 7 | 8 | 5 | 4 | 9 |
| 3 | 6 | 2 | 8 | 4 | 7 | 9 | 5 | 1 |
| 1 | 4 | 9 | 6 | 5 | 3 | 7 | 2 | 8 |
| 7 | 5 | 8 | 2 | 9 | 1 | 6 | 3 | 4 |

| 7 | 6 | 1 | 2 | 8 | 9 | 5 | 4 | 3 |
| 8 | 5 | 2 | 4 | 1 | 3 | 9 | 7 | 6 |
| 9 | 3 | 4 | 7 | 6 | 5 | 8 | 1 | 2 |
| 6 | 8 | 5 | 9 | 3 | 7 | 4 | 2 | 1 |
| 3 | 1 | 9 | 6 | 4 | 2 | 7 | 5 | 8 |
| 2 | 4 | 7 | 1 | 5 | 8 | 6 | 3 | 9 |
| 4 | 7 | 8 | 3 | 2 | 6 | 1 | 9 | 5 |
| 1 | 2 | 6 | 5 | 9 | 4 | 3 | 8 | 7 |
| 5 | 9 | 3 | 8 | 7 | 1 | 2 | 6 | 4 |

**97**

| 6 | 1 | 7 | 9 | 4 | 2 | 8 | 3 | 5 |
| 4 | 9 | 3 | 8 | 7 | 5 | 6 | 2 | 1 |
| 5 | 8 | 2 | 1 | 3 | 6 | 4 | 7 | 9 |
| 7 | 4 | 9 | 2 | 6 | 3 | 1 | 5 | 8 |
| 3 | 5 | 8 | 4 | 9 | 1 | 2 | 6 | 7 |
| 1 | 2 | 6 | 5 | 8 | 7 | 3 | 9 | 4 |
| 2 | 6 | 1 | 7 | 5 | 4 | 9 | 8 | 3 |
| 8 | 3 | 5 | 6 | 1 | 9 | 7 | 4 | 2 |
| 9 | 7 | 4 | 3 | 2 | 8 | 5 | 1 | 6 |

**98**

| 8 | 4 | 2 | 1 | 9 | 3 | 7 | 6 | 5 |
| 9 | 7 | 3 | 2 | 6 | 5 | 4 | 1 | 8 |
| 5 | 1 | 6 | 7 | 4 | 8 | 3 | 9 | 2 |
| 6 | 8 | 5 | 9 | 3 | 4 | 2 | 7 | 1 |
| 4 | 3 | 7 | 6 | 1 | 2 | 8 | 5 | 9 |
| 2 | 9 | 1 | 5 | 8 | 7 | 6 | 4 | 3 |
| 7 | 6 | 8 | 3 | 5 | 9 | 1 | 2 | 4 |
| 1 | 5 | 4 | 8 | 2 | 6 | 9 | 3 | 7 |
| 3 | 2 | 9 | 4 | 7 | 1 | 5 | 8 | 6 |

| 5 | 3 | 1 | 9 | 6 | 8 | 7 | 4 | 2 |
| 8 | 9 | 4 | 3 | 2 | 7 | 5 | 6 | 1 |
| 6 | 2 | 7 | 5 | 1 | 4 | 3 | 9 | 8 |
| 3 | 5 | 6 | 8 | 4 | 2 | 1 | 7 | 9 |
| 4 | 8 | 2 | 7 | 9 | 1 | 6 | 5 | 3 |
| 1 | 7 | 9 | 6 | 3 | 5 | 8 | 2 | 4 |
| 2 | 4 | 3 | 1 | 5 | 6 | 9 | 8 | 7 |
| 7 | 1 | 5 | 2 | 8 | 9 | 4 | 3 | 6 |
| 9 | 6 | 8 | 4 | 7 | 3 | 2 | 1 | 5 |

| 5 | 9 | 6 | 3 | 8 | 7 | 4 | 1 | 2 |
| 7 | 1 | 3 | 4 | 9 | 2 | 8 | 5 | 6 |
| 2 | 4 | 8 | 6 | 5 | 1 | 3 | 7 | 9 |
| 3 | 5 | 2 | 7 | 6 | 4 | 1 | 9 | 8 |
| 6 | 7 | 1 | 9 | 2 | 8 | 5 | 4 | 3 |
| 9 | 8 | 4 | 1 | 3 | 5 | 2 | 6 | 7 |
| 1 | 2 | 5 | 8 | 7 | 6 | 9 | 3 | 4 |
| 8 | 6 | 9 | 5 | 4 | 3 | 7 | 2 | 1 |
| 4 | 3 | 7 | 2 | 1 | 9 | 6 | 8 | 5 |

**Puzzles by Pappocom** presents

# www.sudoku.com

the Su Doku website for all Su Doku fans. Check it out for tips on solving, and for all the latest news in the world of Sudoku.

## Want more puzzles of your favorite grade?

For an endless supply
of the best Su Doku puzzles
get the **Sudoku program** for your Windows PC.
Download a 28-day
free try-out version of the program
from www.sudoku.com/download.htm

*Here's what you can do with the computer program
that you cannot do with pencil and paper:*

- Never run out of the grade of puzzle you enjoy the most
- Check whether your answer is correct with just one click
- Elect to be alerted if you make a wrong entry
- Delete numbers easily, with just a click
- Elect to have your puzzles timed, automatically
- Get hints, if you need them
- Replay the same puzzle, as many times as you like